Andrés Reino

Desarrollo de aplicaciones web en R Shiny para el análisis de Twitter

Andrés Reino

Desarrollo de aplicaciones web en R Shiny para el análisis de Twitter

Minería de textos aplicada en lenguaje de programación R

Editorial Académica Española

Imprint
Any brand names and product names mentioned in this book are subject to trademark, brand or patent protection and are trademarks or registered trademarks of their respective holders. The use of brand names, product names, common names, trade names, product descriptions etc. even without a particular marking in this work is in no way to be construed to mean that such names may be regarded as unrestricted in respect of trademark and brand protection legislation and could thus be used by anyone.

Cover image: www.ingimage.com

Publisher:
Editorial Académica Española
is a trademark of
International Book Market Service Ltd., member of OmniScriptum Publishing Group
17 Meldrum Street, Beau Bassin 71504, Mauritius

Printed at: see last page
ISBN: 978-620-2-10310-7

Agradecimientos

Quiero agradecer a mis padres y hermanos por su apoyo incondicional, y a mis compañeros y profesores, quienes fueron de guía y estuvieron dispuestos siempre a ayudarme en el desarrollo de esta tesis.

Resumen

Un gran número de información en texto digital es generada cada día. Las redes sociales son cada vez más y con mayor poder de alance a cada persona. A diario miles de textos y mensajes circulan por ellas, tratando diversos tópicos o temas de interés. Twitter es una de las redes sociales más grandes en la actualidad, políticos, empresas, organizaciones, celebridades, gobiernos la usan para compartir sus ideologías, intereses y opiniones, al público en general, recibiendo una retroalimentación del mismo. Las redes sociales hoy tienen mucha fuerza e influencia, por lo que el monitoreo y análisis constante de los millones de textos que circulan por ella, se vuelve necesario y en algunos casos imprescindible.

La minería de textos es el conjunto de herramientas que nos permiten llevar a cabo el análisis de datos no estructurados, en este caso, texto abierto o libre como los "tweets". Los avances tecnológicos han permitido que el área de text mining progrese rápido en la última década, esta área comprende modelos estadísticos, aprendizaje de máquina, lingüística computacional, entre otras, necesarias para analizar una gran cantidad de información no estructurada o de texto abierto, que suele ser muy valiosa para la toma de decisiones, pero que muchas veces es pasada por alto o que simplemente queda almacenada.

En el desarrollo de esta tesis abordaremos las principales herramientas de la minería de textos, que nos ayudan en la extracción, limpieza de texto, estructuramiento y análisis de los "tweets", herramientas que son integradas en el ambiente de desarrollo "Shiny", el cual nos permite automatizar estas tareas dentro de una web interactiva, a la cual se denominó "tweetR".

Índice general

Índice de figuras

Índice de cuadros

Índice de código

Capítulo 1

Introducción

1.1. Antecedentes

Twitter es una de las redes sociales más grandes del mundo, miles de mensajes en texto digital circulan por ella cada día. Políticos, organizaciones, empresas, celebridades están interconectados minuto a minuto en esta web. Twitter es una web gratuita de microblogging, una red social, que permite a sus usuarios enviar mensajes de texto plano, estos textos son denominados "tweets", los cuales son de una longitud máxima de 140 caracteres.

Nació en 2006, fue creado por un grupo de empleados de la compañía Podcasts Odeo, Inc., de San Francisco, Estados Unidos, **Jack Dorsey, Biz Stone, Evan Williams y Noah Glass**, su lanzamiento fue en julio del mismo año. Hoy es una de las redes sociales más influyentes, ganando popularidad mundial y generando mas de 65 millones de "tweets" al día. Twitter está programado en Ruby on Rails, un framework de aplicaciones web de código abierto u "open source", escrito en el lenguaje de programación Ruby.

Los usuarios envían y reciben actualizaciones de los otros usuarios, a través de mensajes de texto, vía web, móvil, correo electrónico o terceros como "Facebook". Los usuarios pueden estar al día, tanto de sus seguimientos como de sus seguidores. Una de las principales características que tiene Twitter es que es viral, facilita la rápida circulación y multiplicación de los mensajes.

Poseer esta característica, implica un flujo de información grande y continuo, que se haya almacenado en la nube, información en texto digital o no estructurada que es el objeto de estudio del área de la minería de textos, técnicas como cluster, modelador de tópicos y análisis de sentimientos son muy útiles para obtener el conocimiento de lo que está pasando en esta red social.

1.2. Problema

El flujo de información que genera la red social Twitter es enorme, miles de mensajes de texto contienen las opiniones, ideas y sentimientos del público en general, hacia ciertos temas, organizaciones, políticos o personajes. La extracción, automatización, estructuración y análisis de estos textos digitales se vuelve necesario para algunos de ellos, en especial para la toma de decisiones.

La minería de textos o "text mining", es el conjunto de herramientas que nos permiten obtener conocimiento automático a partir datos no estructurados, en este caso, aplicado a los tweeters correspondientes a los *8 candidatos presidenciales Chile 2017.*

El área de "text mining" es relativamente nueva en la ciencia computacional, las aplicaciones hoy son varias, van desde el análisis de redes sociales, inteligencia de negocio, mercadeo y gerencia de riesgo, hasta la prevención de cibercrímenes. Técnicas como la conglomeración y análisis de sentimientos, entre otras, son muy útiles para extraer el conocimiento escondido en datos no estructurados.

1.3. Justificación

Hoy software de código abierto u "open source", pueden automatizar la extracción y análisis de esta información en ambientes integrados de desarrollo o "IDE"de manera fácil de comprender, en este caso lenguaje científico "R". Este tipo de tecnologías nos permiten hoy desarrollar prácticamente cualquier cosa.

La aplicación a desarrollar nos permitirá abordar las principales herramientas del análisis de textos de manera interactiva, con el objetivo de que el usuario pueda aprender sobre dichas herramientas o técnicas estadísticas, y descubrir que es lo que la gente está diciendo, cuáles son los temas más frecuentes o de interés en las redes sociales.

1.4. Objetivos

La presente tesis tiene como objetivos:

1.4.1. Objetivo General

Desarrollar una aplicación web interactiva en R usando "Shiny", que nos permita conocer los temas que circulan en la red social Twitter, de forma instantánea.

1.4.2. Objetivos Específicos

1. Abordar los fundamentos técnicos de la programación web y minería de textos en lenguaje científico R.

2. Crear una interfaz de usuario simple, clara y didáctica, que incorpore un manual de usuario de fácil comprensión.

3. Automatizar la extracción, limpieza, estructuración y análisis de los textos digitales de Twitter.

4. Validar la aplicación web obteniendo los temas que circulan en la red social Twitter, correspondientes a los candidatos finalistas en las elecciones presidenciales Chile 2017.

1.5. Hipótesis

La implementación de una aplicación web interactiva para el análisis de los mensajes en Twitter, correspondientes a los candidatos presidenciales Chile 2017, permite obtener en forma clara y concisa los temas o tópicos que circulan en esta red social a diario, además saber si los candidatos sacan provecho de la misma o es objeto de críticas.

Capítulo 2

R Shiny

2.1. Lenguaje de programación R

R es un entorno y lenguaje de programación con un enfoque estadístico. Es uno de los software libres u "open source" más usados, es multidisciplinario, siendo muy popular en las áreas de minera de datos, bioinformática, matemáticas financieras y minería de textos.

Es una implementación de lenguaje "S", fue desarrollado por **Robert Gentleman y Ross Ihaka** del Departamento de Estadística de la Universidad de Auckland en 1993. Entre las ventajas que ofrece este lenguaje de programación podemos citar que funciona en cualquier sistema operativo, soporta todo tipo de gráficos y cálculos, además su aprendizaje es fácil. R es un lenguaje interpretado, es decir, su código no necesita ser reprocesado mediante un compilador, el ordenador es capaz de ejecutar la sucesión de instrucciones dadas por el programa. R puede ser descargado de:

`https://www.r-project.org/`

Hoy cada vez son más las organizaciones y profesionales que lo usan para la extracción, limpieza, estructuración y análisis de datos, lo que lo ha convertido en una herramienta indispensable para analistas. La potencia de R se debe que puede incorporar paquetes o bibliotecas, que son colecciones de funciones, datos y código, muy útiles para realizar las tareas señaladas. R posee alrededor de 14122 bibliotecas disponibles para el usuario:

`https://www.rdocumentation.org/`

Entre las miles de bibliotecas disponibles, tenemos a "Shiny", que es un ambiente de desarrollo para aplicaciones web.

2.2. RStudio Desktop

RStudio es un ambiente de desarrollo integrado o "IDE", el cual hace que sea mucho mas fácil de usar el lenguaje de programación R, tanto en el manejo y edición de código, gestión de paquetes o bibliotecas, manejo de objetos y visualización de gráficos o desarrollos. Puede ser descargado de la siguiente dirección web:

https://www.rstudio.com/products/rstudio/download/

 Considerar que "RStudio" es solo el ambiente de desarrollo, antes de su instalación debemos contar ya con una instalación previa de R en nuestro ordenador. Para el desarrollo de esta tesis se uso la siguiente version: **R version 3.4.3 (2017-11-30) – "Kite-Eating Tree"**

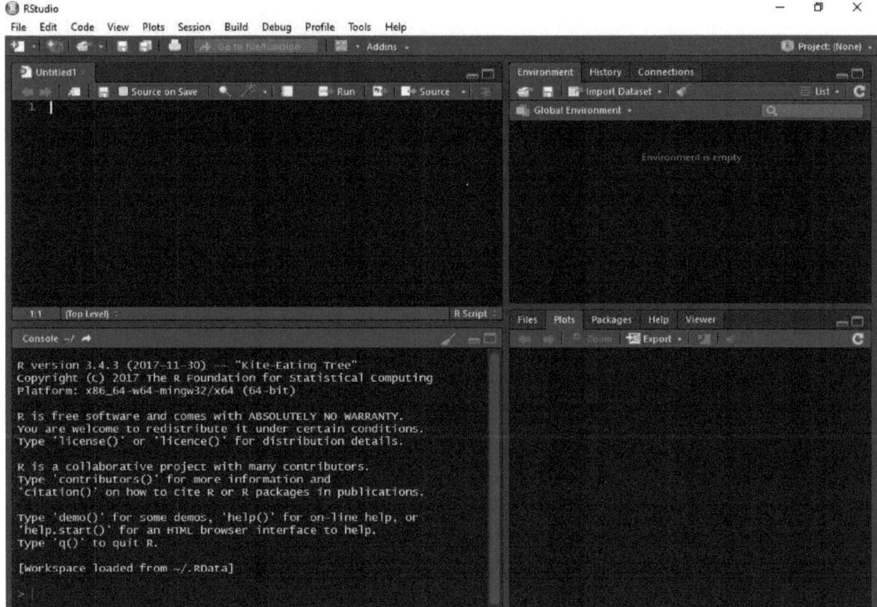

Figura 2.1: RStudio Desktop

Fuente: RStudio Team (2016). RStudio: Integrated Development for R. RStudio, Inc., Boston, MA URL `http://www.rstudio.com/`.

Este "IDE" es fundamental para el desarrollo de nuestra aplicación web, ya que cuenta con herramientas que nos facilitaran la creación, edición y gestión de la misma.

2.3. Shiny

"Shiny" es una herramienta para crear aplicaciones web interactivas, en este caso de carácter estadístico, en la que los usuarios puedan acceder fácilmente al poder de la consola R. Hace que sea increíblemente fácil construir aplicaciones web interactivas con R. El enlace "reactivo" automático entre las entradas, salidas y "widgets" preconstruidos, hace posible construir aplicaciones hermosas, receptivas y potentes con un mínimo esfuerzo [19]. Para acceder a "Shiny", instalamos el siguiente paquete:

Código 2.1: Instalación de Shiny

```
install.packages("shiny")
```

Una vez instalado, iniciamos el proyecto en "Shiny", para ello vamos a File >> New File >> Shiny web app.... Al empezar el proyecto, se pide:

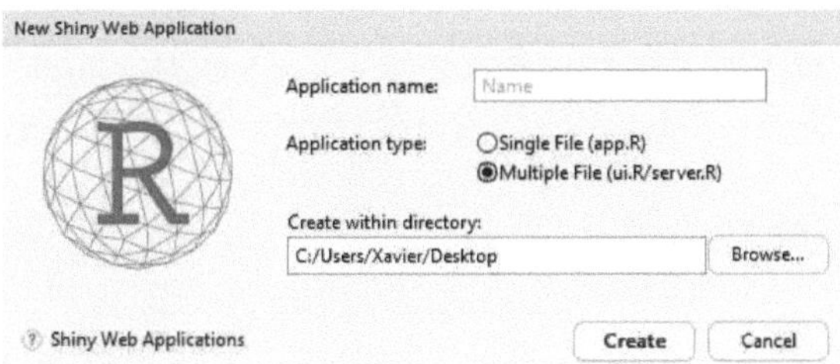

Figura 2.2: New Shiny Web Application

Fuente: Winston Chang, Joe Cheng, JJ Allaire, Yihui Xie and Jonathan McPherson (2017). shiny: Web Application Framework for R. R package version 1.0.5. `https://CRAN.R-project.org/package=shiny`

1. El nombre para la aplicación.
2. El tipo de aplicación: archivo solo(**app.R**) o archivo múltiple(**ui.R/ server.R**)
3. El directorio donde se alojará.

Al generar el proyecto, se crea una carpeta con el nombre de la aplicación en el directorio que escogimos, en lo que respecta a la tipo de aplicación se recomienda **archivo múltiple(ui.R/server.R)** para aplicaciones de tamaño grande. Aquí el nombre que se le dio a la aplicación fue "tweetR":

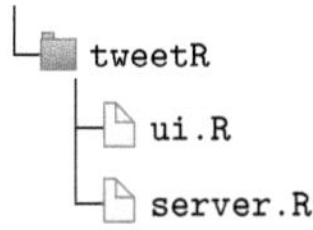

```
tweetR
 ui.R
 server.R
```

Es imperativo que estos 2 archivos estén bajo la misma carpeta, ya que a falta de uno de ellos la aplicación no funcionará.

Al igual que toda aplicación web tenemos un "front-end", que es la interfaz de usuario, en este caso, es el archivo ui.R, y un "back-end',' que es el conjunto de funciones del lado del servidor, lo que hace posible que la web funcione, en nuestro caso, es el archivo server.R. Esta carpeta contendrá todos los demás archivos que incorporemos a la aplicación como imágenes, archivos .Rdata, archivos CSS, Javascript y demás que haga falta para el funcionamiento de la web.

2.3.1. ui.R

Es la interfaz de usuario, el "'front-end" de nuestra aplicación. En programación web, el "front-end" constituye aquellas tecnologías que corren del lado del cliente, es decir, que corren en el navegador web, esta se generaliza por el uso de tres lenguajes de programación: HTML, CSS y Javascript."Shiny" nos permite desarrollar las mismas interfaces generadas con estos códigos, pero en su propio ambiente, y de manera sencilla, sin la necesidad de conocer estos tres lenguajes. Al iniciar el proyecto tenemos por defecto una aplicación de ejemplo:

```
Código 2.2: ui.R ejemplo
library (shiny)

shinyUI (fluidPage (

# Titulo
titlePanel ("Old  Faithful  Geyser  Data"),

sidebarLayout (
# Barra lateral
sidebarPanel (
        sliderInput ("bins","Number  of  bins:",  min = 1,max = 50,  value = 30)
                    ),
# Grafico Histograma
    mainPanel (
        plotOutput ("distPlot")
                )
)))
```

En el ejemplo, que se trata de definir el número de "bins" para la generación de un histograma, podemos identificar 2 tipos de funciones, las de **Input y Output**. Las entradas o Input constituyen los valores que alimentan a las funciones de server.R, en donde se procesa con los nuevos valores para actualizar la gráfica, la misma que luego es mostrada en la parte de salida u Output, este proceso se denomina **reactividad**, que veremos más adelante.

2.3.2. server.R

Constituye el "back-end" de nuestra aplicación. En programación web, entiéndase por "back-end" a la programación del lado del servidor, la que contienen tolas las funciones, bibliotecas que hacen posible el funcionamiento del "front-end". Existen varios lenguajes para esta programación, entre los cuales tenemos PHP,

Python, .Net, Java, Ruby, y en nuestro caso de estudio R.

"Shiny" compone este archivo por medio de funciones, a las que llamaremos "funciones reactivas", las cuales captan los Inputs generados en la interfaz de usuario o ui.R, los actualiza, generando la nueva salida o Output.

Código 2.3: server.R ejemplo

```r
library(shiny)

# Logica del lado del servidor para graficar el histograma
shinyServer(function(input, output) {

  output$distPlot <- renderPlot({
    # Generar los intervalos basados en input$bins de ui.R
    x    <- faithful[, 2]
    bins <- seq(min(x), max(x), length.out = input$bins + 1)
    # Grafico Histograma
    hist(x, breaks = bins, col = 'darkgray', border = 'white')

  })
})
```

Continuando con el ejemplo del histograma tenemos la recepción del nuevo valor del Input "bins", que genera los nuevos valores para el gráfico del histograma, que constituye la salida o Output en la interfaz de usuario. Cabe recalcar que la salida en ui.R se identifica por medio de la etiqueta o "label", en este caso "distPlot".

2.3.3. Run App

Antes de poner en marcha la aplicación, debemos indicar en donde deseamos ver la aplicacion, para ello vamos a ► Run App ▾, damos clic en ▾ y señalamos Run External, con lo cual generamos la app en el nuestro explorador web. Finalmente ponemos en marcha la app dando clic en ► Run App.

Se recomienda usar ⊙ **Google Chrome**, por su adaptabilidad a todo tipo de gráficas y visualizaciones web, en sus diversos lenguajes de programación "open source", y en especial manera, por la biblioteca **plotly** que usaremos mas adelante.

Otra manera de hacerlo es ejecutando el siguiente comando en la consola, indicando la dirección de la carpeta que contiene nuestra "Shiny App":

Código 2.4: Run Shiny App

```r
runApp('C:/Users/Andres/Desktop/tweetR')
```

Lo cual nos genera la siguiente interfaz ejemplo:

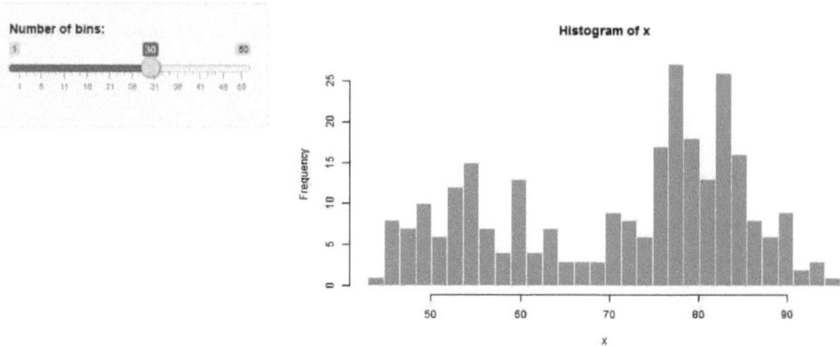

Figura 2.3: Shiny app

Fuente: Winston Chang, Joe Cheng, JJ Allaire, Yihui Xie and Jonathan McPherson (2017). shiny: Web Application Framework for R. R package version 1.0.5. `https://CRAN.R-project.org/package=shiny`

En el ejemplo, el usuario al deslizar el Input "bins", el histograma cambia automáticamente, mostrando los nuevos valores generados en segundos. Como vemos "Shiny" es una potente herramienta para la automatización de análisis estadísticos en webs interactivas, prácticamente se ajusta a cualquier requerimiento o necesidad.

2.3.4. Reactividad

La Reactividad, como vimos en el ejemplo anterior, es la interacción entre las entradas o Inputs y salidas o Outputs que permite que la aplicación web se actualice según la interacción del usuario. Los valores reactivos funcionan junto con las funciones reactivas.

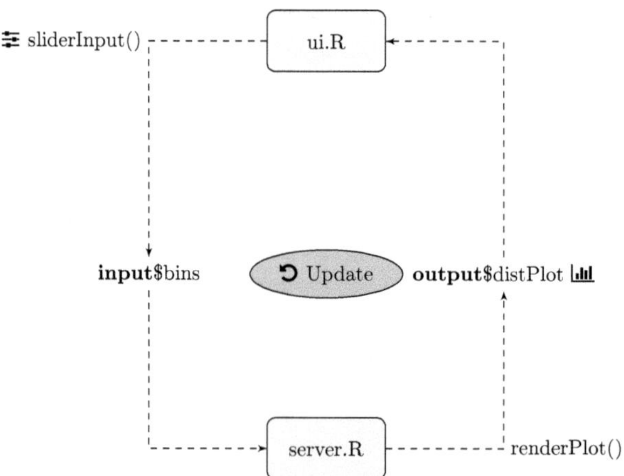

Figura 2.4: Reactividad

Fuente: Autor.

Citando el mismo ejemplo, al actualizar el Input "bins" en la interfaz de usuario inmediatamente el nuevo valor es recibido en server.R, en la función reactiva **renderPlot()**, la cual genera el nuevo gráfico, actualizándolo en la interfaz de usuario o ui.R.

2.3.5. global.R

Como su nombre lo indica, este archivo se refiere a la creación de variables globales o predefinidas, es decir, variables que son indistintas de la acción de usuario y que se ejecutan al iniciar o correr la aplicación.

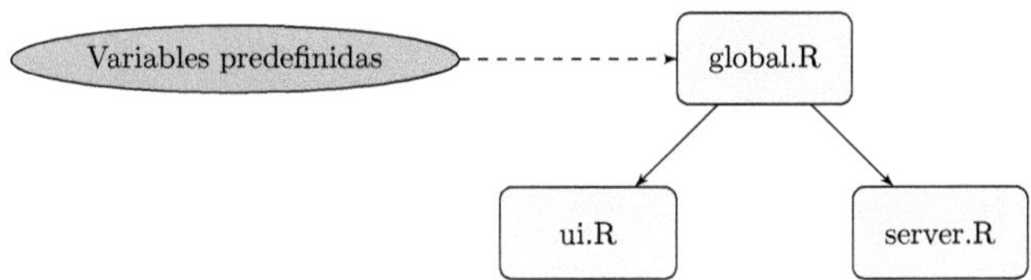

Figura 2.5: Global.R
Fuente: Autor.

Estas variables pueden ser la carga de bibliotecas, definición de funciones y valores, entre otros, necesarios para el archivo ui.R o server.R. Este archivo se crea en la misma carpeta de la aplicación:

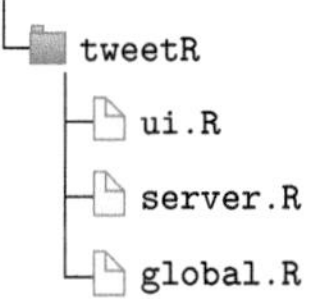

A continuación vemos un ejemplo sencillo de un archivo global.R:

```
Código 2.5: global.R ejemplo
#Bibliotecas requeridas
library(ggplot2)

#Variables predefinidas para interfaz de usuario
today <- Sys.Date()
since <- as.character(today - 7)
until <- as.character(today)
```

En este ejemplo, se está predefiniendo valores necesarios para la ejecución del archivo ui.R, el que necesita tres fechas para la construcción de un rango de fechas, es decir, un **dateInput**, el cual cambia buscando los últimos 7 días, cada vez que se ejecuta la aplicación.

2.3.6. Caracteres Unicode en Shiny

"Shiny" requiere que se codifique los caracteres de todos sus componentes en **UTF-8**, lo que incluye el archivo *ui.R, server.R y global.R*, es imperativo realizar esta operación en estos 3 archivos. Para ello vamos a
File >> Save with Encoding... :

Figura 2.6: Choose Encoding

Fuente: RStudio Team (2016). RStudio: Integrated Development for R. RStudio, Inc., Boston, MA URL `http://www.rstudio.com/`.

Finalmente seleccionamos la codificación indicada y damos clic en OK. Al realizar esta operación no deberíamos tener complicaciones por tildes, tanto en texto, como en gráficos dentro de la aplicación.

2.3.7. HTML y Shiny

El Lenguaje de Marcado para Hipertextos o ⑤ HTML, es el lenguaje base o estándar de la programación web, si bien no se necesitó para poner en marcha la aplicación, hay ocasiones en las que el diseñador requiere su incorporación. "Shiny" es muy versátil, se adapta a cualquier necesidad o diseño, nos da la opción de poder escribir código HTML en la interfaz de usuario o ui.R para *personalizarla*, aceptando esta combinación. Una manera de hacerlo es por medio de la función **HTML()**:

```
Código 2.6: HTML y Shiny ejemplo

shinyUI(fluidPage(

# Jumbotron con el titulo de la aplicacion: tweetR
HTML('
<div class="jumbotron">
<h1 class="display">tweetR</h1>
<p>A text mining application.</p>
</div>
'),
```

```
        . . .

))
```

En este ejemplo estamos añadiendo en la interfaz de usuario o ui.R, un contenedor "jumbotron". De esta forma estamos personalizando la app con HTML.

2.3.8. CSS y Shiny

Hojas de estilo en cascada o **♛** CSS, como su nombre lo indica, es un lenguaje de estilo, de diseño gráfico, que estiliza, mejora o realza la presentación del documento HTML. Es muy usado en la programación web para crear interfases excepcionales. "Shiny" también puede combinar o incorporar este código en su ambiente de desarrollo, para *estilizar* la aplicación. Se puede aplicar CSS en toda la aplicación web, para ello se crea un subdirectorio de nombre **www** en la aplicación, el mismo que va a contener nuestro archivo CSS:

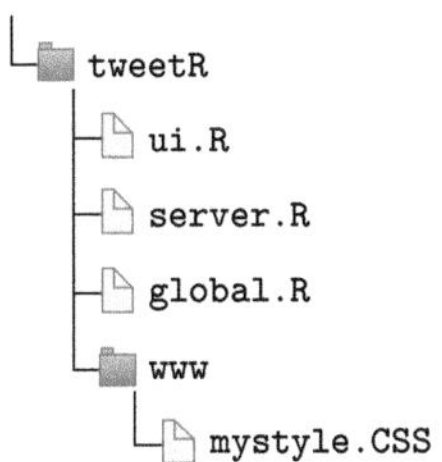

El archivo mystyle.CSS contiene los estilos para nuestra web. Puede ser descargado de:

```
https://bootswatch.com/
```

Un excelente lugar para obtener temas CSS para páginas web. Una vez listo el archivo en el subdirectorio, nos queda por llamar el archivo en la aplicación, con el atributo **theme** en ui.R de la siguiente manera:

Código 2.7: CSS y Shiny ejemplo
```
shinyUI(fluidPage(theme = "mystyle.css",

        . . .

))
```

 "Shiny" también dispone de la biblioteca **shinythemes**, que aplica estilos CSS predefinidos en la página web, sin necesidad de generar el archivo CSS.

2.3.9. JavaScript y Shiny

JavaScript o *JS* es un lenguaje de programación interpretado, definido como orientado a objetos, que se usa mucho en la programación web, el cual permite a los desarrolladores web añadir características interactivas a la página web. Con "Shiny" prácticamente se puede construir casi cualquier cosa, incorpora efectos como texto que aparece y desaparece, animaciones, acciones que se activan al pulsar botones, ventanas con mensajes de aviso, entre otras.

Existen varias formas para incluirlo, una de ellas es crear un subdirectorio de nombre **www** en la aplicación, el mismo visto para CSS, donde va a contener nuestro archivo JS:

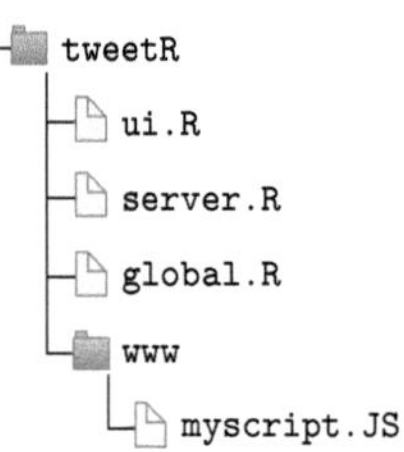

Una vez listo el archivo en el subdirectorio, nos queda por llamar el archivo en la aplicación, con el atributo **tags** en ui.R de la siguiente manera:

Código 2.8: JavaScript y Shiny ejemplo

```
shinyUI(fluidPage(

tags$head(tags$script(src="myscript.js")),
    ...
))
```

2.3.10. Shiny layout

Al igual que la programación HTML, "Shiny" dispone de funciones para controlar la distribución de los objetos o elementos en la pagina web, como lo son filas, columnas, paneles y barras de navegación. A continuación vemos un ejemplo de distribución de una aplicación "Shiny":

Código 2.9: ui.R layout ejemplo

```
library(shiny)

shinyUI(
# Navegacion pagina
navbarPage(title = "tweetR",
                # Panel
                tabPanel("tab 1",
                        # Fila
```

```
                    fluidRow (
                              #Columnas
                              column ( width  =  4 ," contenido " ) ,
                              column ( width  =  8 ," contenido " )
                    ) ) ,
          tabPanel ( " tab  2 " ,  " contenido " ) ,
          tabPanel ( " tab  3 " ,  " contenido " ) ) )
```

En este ejemplo, la barra de navegación esta en la parte superior de la pantalla, donde tenemos 3 paneles
con contenido.

2.3.11.   ShinyApps.io

Para publicar en la web nuestra aplicación, "Shiny" posee su propio servidor web ☁ "Shinyapps.io", el cual
es fácil de usar, escalable y seguro:

```
https ://www.shinyapps.io/
```

 Usando una cuenta gratuita, nos permite desplegar hasta 5 aplicaciones, cada una con un límite de
25 horas activas dentro del mes, entiéndase como horas activas cuando la aplicación no está "IDLE"
o con inactividad de usuario. Excedido este límite de horas al mes, la aplicación se inactiva hasta el
mes siguiente, cuando se renuevan las horas activas.

Al crear la cuenta gratuita obtenemos el **token y secret**, claves necesarias para establecer la conexión entre
la aplicación desarrollada en nuestro ordenador y el servidor web, para ello vamos a Account ⟩ Tokens ⟩ Add Token ⟩
⟩ Show ⟩ Show Secret :

The shinyapps package must be authorized to your account using a token and secret. To do this, click the copy button below and
we'll copy the whole command you need to your clipboard. Just paste it into your console to authorize your account. Once you've
entered the command successfully in R, that computer is now authorized to deploy applications to your shinyapps.io account.

```
rsconnect::setAccountInfo(name='andresr424242',                                          Hide secret
                         token='xxxxxxxxxxxxxxxxxxxxxxxxxxxxxxxxx ',
                         secret='xxxxxxxxxxxxxxxxxxxxxxxxxxxxxxxxxxxxxxxxx ')           🖉 Copy to clipboard

                                                                                               OK
```

Figura 2.7: Token y secret ShinyApps.io

Fuente: `https://shiny.rstudio.com/articles/shinyapps.html`

Para obtener los accesos damos clic en Copy to clipboard . Se puede crear varios tokens o usar el mismo para
desplegar varias aplicaciones. Luego, para poder publicar nuestra app es necesario instalar la siguiente biblioteca:

Código 2.10: Instalación de rsconnect

```
install.packages('rsconnect')
```

La biblioteca **rsconnect** proporciona una interfaz de despliegue para documentos "R Markdown" y aplicaciones web "Shiny", lo que la hace una muy buena herramienta para despliegue de apps en R.

Una vez instalado la biblioteca necesaria y obtenidos los accesos, vamos a $\boxed{\text{Publish Application...}} \rangle \boxed{\text{Next}} \rangle \boxed{\text{ShinyApps.io}}$ y pegamos el **token y secret** obtenidos:

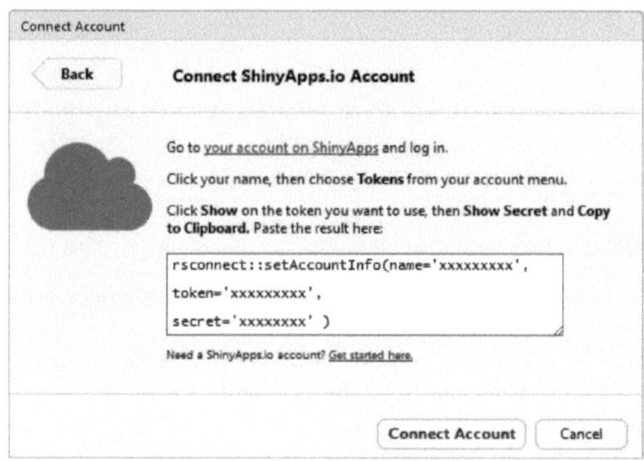

Figura 2.8: Connect Account

Fuente: JJ Allaire (2018). rsconnect: Deployment Interface for R Markdown Documents and Shiny Applications. R package version 0.8.8. `https://CRAN.R-project.org/package=rsconnect`

Luego que se haya ingresado los accesos, damos clic en $\boxed{\text{Connect Account}}$ con el cual estamos creando el vinculo entre nuestro ordenador y nuestra cuenta en "Shinyapps.io", con lo que estamos autorizados a publicar, para ello damos clic en el botón $\boxed{\text{Publish}}$:

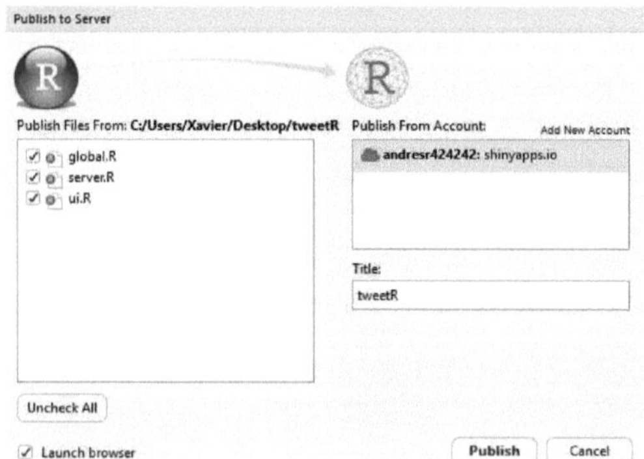

Figura 2.9: Publish to Server

Fuente: JJ Allaire (2018). rsconnect: Deployment Interface for R Markdown Documents and Shiny Applications. R package version 0.8.8. `https://CRAN.R-project.org/package=rsconnect`

Como vemos, podemos seleccionar la cuenta en la que vamos a publicar la app, al hacerlo todo el contenido seleccionado de la carpeta del desarrollo web "Shiny" es puesto en el servidor, lo cual nos arroja una **URL** compuesta por el nombre de la cuenta del usuario y el nombre de la aplicación.

Capítulo 3

Minería de Textos con R Shiny

3.1. Concepto y Procedimiento

La minería de texto es el conjunto de herramientas que nos permiten obtener conocimiento a partir de datos no estructurados, en este caso, los textos digitales correspondientes a mensajes generados en Twitter.

El área de la minera de textos comprende la extracción, depuración, estructuración y análisis de textos, es un área que los últimos años ha evolucionado mucho conforme a los avances tecnológicos, ya que es una tarea que implica cierto desarrollo computacional. La tecnología que hace posible llevar a cabo esto es el Procesamiento de Lenguaje Natural o NLP.

El NLP, en el campo de las ciencias de computación, lingüística computacional e inteligencia artificial, se refiere al procesamiento del lenguaje natural por parte del computador, temas como la traducción de idioma a otro y reconocimiento de lenguaje, son parte de él. El NLP consiste en un conjunto de reglas por medio de las cuales el ordenador aprende a entender el significado de las secciones de texto. Para establecer este conjunto de reglas y estándares en R ejecutamos:

```
Código 3.1: Instalación del NLP
install.packages("NLP")
```

El análisis de información no estructurada suele ser muy valiosa para la toma de decisiones, pero muchas veces es pasada por alto o que simplemente queda almacenada. Hoy software de código abierto u "open source" pueden automatizar la extracción y análisis de esta información en ambientes integrados de desarrollo o "IDE" de manera fácil de comprender, en este caso el lenguaje científico "R".

El proceso de la minería de textos en R se resume de la siguiente manera:

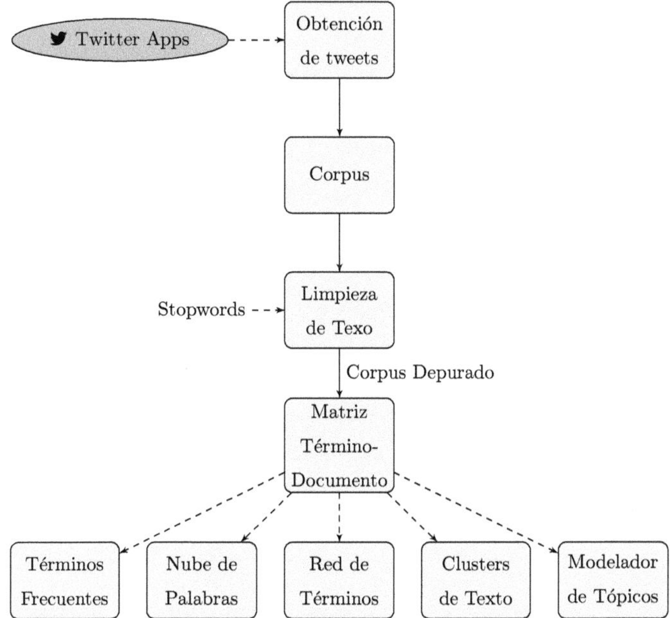

Figura 3.1: Proceso Minería de Textos en R
Fuente: Autor.

Son 4 etapas básicas, las cuales pasan por la extracción, formateo, limpieza y estructuración de la información no estructurada. Es a partir de la Matriz Término-Documento donde se generan los análisis estadísticos y el conocimiento.

3.2.   Obtención de tweets

Para la obtención de los tweets es necesario la creación y registro de nuestra aplicación en **Twitter Apps**, para ello debemos tener una cuenta de Twitter, que nos permitirá tener acceso a esta web:

```
https://apps.twitter.com/
```

Una vez dentro, creamos nuestra aplicación, para lo cual nos pedirá un nombre para la app y una dirección web asociada, la cual puede ser un blog personal o cualquier otra. Con el registro de nuestra app, vamos a **Keys and Access Tokken** donde obtenemos las claves necesarias para la descarga de los tweets:

- Consumer Key (API Key)

- Consumer Secret (API Secret)
- Access Token
- Access Token Secret

Twitter Apps funciona con **Open Authorization (OAuth)**, que es un estándar que permite flujos de autorización simples para sitios web o aplicaciones informáticas, en nuestro caso, para la aplicación desarrollada en "Shiny". Para llevar a cabo el proceso de autorización, R cuenta con el siguiente paquete:

Código 3.2: Instalación de ROAuth

```
install.packages("ROAuth")
```

Proporciona una interfaz para la especificación OAuth 1.0 permitiendo a los usuarios autenticarse a través de OAuth al servidor de su elección [20]. Adicional a esta autorización necesitamos los métodos y funciones necesarias para iniciar la descarga, los cuales los encontramos en el siguiente paquete:

Código 3.3: Instalación de twitteR

```
install.packages("twitteR")
```

El paquete **twitteR** está destinado a proporcionar acceso a la API de Twitter dentro de R, lo que permite a los usuarios captar subconjuntos interesantes de los datos de Twitter para sus análisis [17].Este paquete es el caballo de batalla para la manipulación de datos en Twitter. La función que empleamos para la extracción de tweets es **searchTwitteR()**.

 Considerar que la función **searchTwitteR()** obtiene todos los tweets emitidos por los seguidores o usuarios *hacia* el Twitter analizado. Si queremos obtener los tweets emitidos *desde* el Twitter analizado usamos la función **userTimeline()**, que no es caso de análisis.

3.2.1. ui.R

En la interfaz de usuario se requiere:

1. El twitter a analizar o **target**.
2. Cantidad de tweets o **n**.
3. El intervalo de fecha o **daterange**.
4. Botón "Go"(input **go**).
5. La función **dataTableOutput()** para la tabla de salida resultante que muestra los tweets descargados.

La fecha para la descarga por defecto son los últimos 7 días, la distribución de los tweets puede variar según la popularidad que tenga el mismo.

Código 3.4: ui.R Obtención de tweets

```r
library(shiny)

shinyUI(
navbarPage("tweetR",

    ... #————> Tu codigo layout aqui

  sidebarPanel(width = 12,
   # 1
   selectInput("target", "twitter a analizar:",
                  c(
                      "CAROLINA GOIC @carolinagoic" = "carolinagoic",
                       ... #————> Resto de los twitters aqui
                      ) ),
   # 2
   sliderInput("n", "tweets:", min = 1000, max = 3000, value = 2000),
   # 3
   dateRangeInput("daterange", "fecha:", start = since, end   = until),
   # 4
   HTML('

       <button id="go" type="button" class="btn action-button btn btn-primary btn-lg btn-
       block"><i class="fa fa-fw fa-twitter"></i> get tweets</button>


       ')
   ),
   ... #————> Tu codigo layout aqui

   # 5
   DT::dataTableOutput("mytable")

))
```

3.2.2.   server.R

Del lado del servidor los que se requiere es:

1. El **reactiveValue tweets.df** para ver los tweets descargados en una tabla.

2. Inavilitar el campo **daterange** ya que este es de carácter informativo solamente.

3. Construcción de la función **observeEvent** accionada por el botón "Go".

4. Construcción de la función **renderDataTable** accionada por la variable generada en el punto 1.

Código 3.5: server.R Obtención de tweets

```r
library(shiny)

shinyServer(function(input, output, session) {
# 1
rv_a <- reactiveValues(tweets.df = NULL)
```

```r
# 2
observeEvent(input$daterange, {
      shinyjs::disable("daterange")
   })


# 3
observeEvent(input$go, {


   tweets <- searchTwitteR(input$target, n=input$n, since = since , until = until)
   tweets.df <- twListToDF(tweets) #-->Variable para Corpus


   rv_a$tweets.df <- tweets.df[,c(5,1,12)] #--> Variable para DataTable
})

# 4
output$mytable = DT::renderDataTable({


   validate(need(input$go, "please select a twitter to download"))


   df <- as.data.frame(rv_a$tweets.df)
   DT<-datatable(df) %%formatStyle('retweetCount',
                                   background = styleColorBar((df$retweetCount),'lightblue'
   )
   )
   DT
})
})
```

 Considerar que la variable **tweets.df** es la que tomaremos para la construcción del Corpus mas adelante.

3.2.3. global.R

Como vimos anteriormente, las variables globales son aquellas que se generan al iniciar la aplicación, indistinto de la interacción del usuario y que puede ser llamadas tanto en el ui.R como en el server.R.

Aquí establecemos los permisos para la descarga de los tweets vistos anteriormente. También se define las variables **since** y **until** que corresponden a los últimos 7 días. Adicional se requiere de las bibliotecas **shinyjs** y **DT**.

Código 3.6: global.R Obtención de tweets

```r
library(twitteR)
library(ROAuth)
library(shinyjs)
library(DT)
```

```r
runOnline = T
if (runOnline){
  consumer_key <- "xxxxxxxxxx"
  consumer_secret <- "xxxxxxxxxx"
  access_token <- "xxxxxxxxxx"
  access_token_secret <- "xxxxxxxxxx"
  setup_twitter_oauth(consumer_key,consumer_secret,access_token,access_token_secret)
  options(httr_oauth_cache=T)
}

today <- Sys.Date()
since <- as.character(today - 7)
until <- as.character(today)
```

El proceso de extracción termina con la obtención de los tweets en un data.frame.

3.3. Corpus

La estructura principal para gestionar documentos en la minería de textos es llamado Corpus, que representa una colección de documentos de texto. Puede haber varias implementaciones en paralelo, la implementación predeterminada es el llamado VCorpus que realiza una semántica conocida por mayoría la de los objetos R, Corpus son objetos R que se guardan por completo en la memoria [10]. Para convertir los tweets almacenados en el data.frame en un Corpus se necesita el siguiente paquete:

Código 3.7: Instalación de tm
```r
install.packages("tm")
```

Este paquete permite el uso de la función meta, para acceder y modificar **metadatos** de documentos, permitiendo la limpieza de texto, operaciones como cambiar a minúsculas, reemplazar palabras, se realizan en el vector Corpus.

3.3.1. server.R

Como vimos en la obtención de tweets, contamos ya con la variable **tweets.df**, de la cual se requiere el campo texto como vector fuente para al Corpus. Esta trasformación la llevamos a cabo dentro de la misma función **observeEvent** accionada por el botón "Go", correspondiente a la descarga de los tweets.

Código 3.8: server.R Corpus
```r
library(shiny)

shinyServer(function(input, output, session) {

...
```

```
observeEvent(input$go, {

    ... #———> Codigo obtencion de tweets

    myCorpus <- Corpus(VectorSource(tweets.df$text)) #—> Variable para Limpieza de Texto

})


})
```

 Considerar que la variable **myCorpus** es la que tomaremos para la limpieza de texto dentro de la misma función **observeEvent** accionada por el botón **go**.

3.3.2. global.R

En el archivo global.R unicamente añadimos las bibliotecas necesarias para llevar a cabo la trasformación que son **NLP** y **tm** revisadas anteriormente.

Código 3.9: global.R Corpus

```
... #———> Codigo obtencion de tweets

library(NLP)
library(tm)
```

Necesitamos convertir las líneas del data.frame en un Corpus para usar dentro de R. El Corpus es un colección de textos, generalmente por un autor, tema o documento. Ahora, los datos de texto están en un formato que puede ser manejado fácilmente por el paquete de minería de datos [3].

3.4. Limpieza de Texto

La limpieza de texto es el punto más crítico en la minería de textos, ya que aquí se descartan todos aquellos textos, palabras que no aportan, que no generan valor para la obtención del conocimiento, palabras que solo generan ruido en al análisis y que se tienen que eliminar, entre las cuales podemos citar a las "stop words", que veremos más adelante. Este proceso parte de la variable **myCorpus** o Corpus, vista anteriormente, la cual se va modificando o transformando según el *orden* en que se ejecute la limpieza. El siguiente el gráfico muestra un orden propuesto para la limpieza de texto:

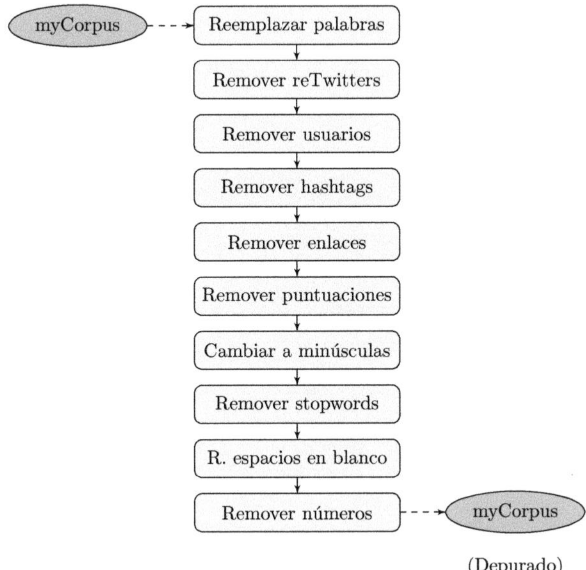

Figura 3.2: Proceso Limpieza de Texto

Fuente: Autor.

 Como se menciono anteriormente, el proceso de limpieza se realiza en cierto *orden*, considerar que el orden influye en como actúan las funciones de limpieza en el Corpus.

3.4.1. Funciones de Limpieza

El proceso de limpieza consiste en la *creación, según el caso y ejecución* de funciones que actúan directamente sobre el Corpus, transformando el tweet original:

RT @luislarrainlyd: Es falso senadora, no fue multado por coludirse https:....

Hasta obtener un objeto depurado, listo para la estructuración y análisis:

falso senadora multado coludirse

Para obtener este resultado la principal función a emplear es **tm_ map(x, FUN, . . .)**, que aplica funciones de trasformación sobre el Corpus, devolviendo como resultado un documento de texto trasformado en el Corpus. En el argumento **FUN** aplicaremos las 10 funciones que componen este proceso.

3.4.1.1. Función reemplazar palabras

Podemos buscar y reemplazar palabras que responden a ciertos formas o caracteres de escritura, como lo es "tod@s", "l@s', "hrs"', entre otras. Para este y los demás pasos de limpieza de texto, primero se define la función y luego se ejecuta en el Corpus.

Código 3.10: Función reemplazar palabras

```
#Funcion
replaceWord <- function(corpus, oldword, newword) {
  tm_map(corpus, content_transformer(gsub),
         pattern=oldword, replacement=newword)
}
#Uso
myCorpus <- replaceWord(myCorpus, "tod@s", "todos")
myCorpus <- replaceWord(myCorpus, "l@s", "las")
myCorpus <- replaceWord(myCorpus, "xq", "por que")
myCorpus <- replaceWord(myCorpus, "uds", "ustedes")
```

3.4.1.2. Función remover reTwitters

Nos referimos a remover el usuario que hizo el retweet, mas no al contenido del mismo, ya que a diferencia de los usuarios normales, los usuarios que hicieron el retweet llevan al principio del texto las letras "RT".

Código 3.11: Función remover reTwitters

```
#Funcion
removeRetweet <- function(x) gsub("(RT|via)((?:\\b\\W*@\\w+)+)", "", x)
#Uso
myCorpus <- tm_map(myCorpus, content_transformer(removeRetweet))
```

3.4.1.3. Función remover usuarios

Los usuarios se remueven, dado que se analiza el Twitter de una organización o político en particular, no se requiere el nombre del generador de tweet, el cual sesga la información, como es el caso de los retweets. Los usuarios de Twitter se identifican por "@".

Código 3.12: Función remover usuarios

```
#Funcion
removeUser <- function(x) gsub("@[[:alnum:]]*", "", x)
#Uso
myCorpus <- tm_map(myCorpus, content_transformer(removeUser))
```

3.4.1.4. Función remover hashtags

Los hashtags en Twitter diferencian, destacan o agrupan un tópico especifico en esta red social; se caracterizan por llevar al inicio el signo numeral. De igual manera se eliminan, por el sesgo que puede generar su frecuencia.

Código 3.13: Función remover hashtags

```
#Funcion
removeHashtags  <- function(x) gsub("#\\S*","",x)
#Uso
myCorpus <- tm_map(myCorpus, content_transformer(removeHashtags))
```

3.4.1.5. Función remover enlaces

Los enlaces hacen referencia a los links o direcciones web que se copian en los textos, las cuales obviamente no aportan.

Código 3.14: Función remover enlaces

```
#Funcion
removeURL <- function(x) gsub("http[^[:space:]]*", "", x)
#Uso
myCorpus <- tm_map(myCorpus, content_transformer(removeURL))
```

3.4.1.6. Función remover puntuaciones

Del mismo modo, podemos eliminar toda la puntuación de un Corpus. Este es un paso común al analizar texto para evitar casos donde la misma palabra tiene diferente puntuación, aplicado junto a ella, pero es la misma palabra [3].

Código 3.15: Función remover puntuaciones

```
#Funcion
removeNumPunct <- function(x) gsub("[^[:alpha:][:space:]]*", "", x)
#Uso
myCorpus <- tm_map(myCorpus, content_transformer(removeNumPunct))
```

3.4.1.7. Función cambiar a minúsculas

Este paso se realiza justo antes de extraer las "stop words", ya que los pasos anteriores dejan listo el Corpus para la extracción de estas palabras, las mismas que vienen en minúsculas, de ahí la importancia de este paso antes de su extracción.

Código 3.16: Cambiar a minúsculas

```
#Uso
myCorpus <- tm_map(myCorpus, content_transformer(tolower))
```

3.4.1.8. Función remover stopwords

Las "stop words" son palabras que no aportan, como "el", "la"', "los", "las", etc. Son palabras que se deben eliminar por completo del texto. Por defecto R posee un diccionario de "stop words" en español, el cual está compuesto por alrededor de 300 palabras.

Código 3.17: Stopwords

```r
myStopwords <- c(stopwords('spanish'))
#Uso
myCorpus <- tm_map(myCorpus, removeWords, myStopwords)
```

 Adicional a estas palabras, también podemos remover nuestras propias "stop words", un conjunto de **palabras personalizadas** que deseamos remover. El archivo usado en el desarrollo de esta aplicacion puede descargarse de ◯ Github, bajo el siguiente link:`https://github.com/areino42/stopwords.git`

O en su defecto, generamos un archivo en TXT que contenga este listado personalizado. Este archivo debe incluirse en el directorio del desarrollo web en "Shiny":

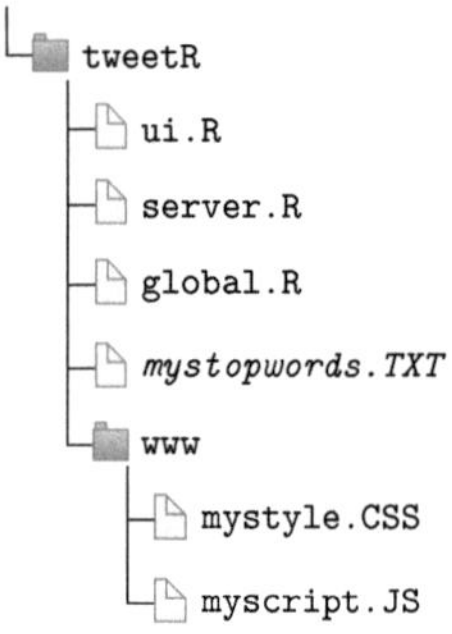

Ahora definimos las palabras personalizadas a remover:

Código 3.18: Stopwords personalizadas

```r
sw <- readLines("mystopwords.txt",encoding="")
#Uso
myCorpus = tm_map(myCorpus, removeWords, sw)
```

3.4.1.9. Función remover espacios en blanco extra

La eliminación de espacios en blanco tiene poco que ver con la minería de texto estándar. Las funciones que se están empleando ya no tendrán en cuenta el espacio en blanco. Esta función proporciona una forma de limpiar los resultados intermedios para una mejor presentación [3].

Código 3.19: Remover espacios en blanco extra

```r
#Uso
myCorpus <- tm_map(myCorpus, stripWhitespace)
```

3.4.1.10. Función remover números

Podemos eliminar todos los números de un Corpus. En la mayoría de los casos, números específicos en el texto no es comparable. No hay contexto para aplicar, para decidir si un número (en sí mismo) se está usando de la misma manera de una instancia a otra [3].

```
Código 3.20: Remover números
#Uso
myCorpus <- tm_map(myCorpus, removeNumbers)
```

3.4.1.11. Remover tildes o plurales (según el caso)

Finalmente a modo de abarcar casos específicos según la naturaleza del texto y del criterio del analista, al final de las 10 funciones de limpieza podemos realizar cambios puntuales, justo antes de pasar a la matriz termino documento, en nuestro caso la omisión de tildes y el cambio a singular.Usamos la misma función **replaceWord()** definida anteriormente.

```
Código 3.21: Remover tildes o plurales
#Uso
myCorpus <- replaceWord(myCorpus, "propuestas", "propuesta")
```

Ahora que hemos revisado a detalle el proceso de limpieza, a continuación vamos a incorporarlo a la aplicación web.

3.4.2. server.R

Incorporamos el *uso* de las funciones dentro de la misma función **observeEvent()**, accionada por el input "Go", en donde ya tenemos el Corpus listo.

```
Código 3.22: server.R Limpieza de texto
library(shiny)

shinyServer(function(input, output, session) {

...

observeEvent(input$go, {

    ... #------> Codigo obtencion de tweets
    ... #------> Codigo Corpus

    #Reemplazar palabras
    myCorpus <- replaceWord(myCorpus, "tod@s", "todos")
    myCorpus <- replaceWord(myCorpus, "l@s", "las")
    myCorpus <- replaceWord(myCorpus, "xq", "por que")
    myCorpus <- replaceWord(myCorpus, "uds", "ustedes")
    #Remover retwitters
```

```r
    myCorpus <- tm_map(myCorpus, content_transformer(removeRetweet))
    #Remover usuarios
    myCorpus <- tm_map(myCorpus, content_transformer(removeUser))
    #Remove hashtags
    myCorpus <- tm_map(myCorpus, content_transformer(removeHashtags))
    #Remover enlaces
    myCorpus <- tm_map(myCorpus, content_transformer(removeURL))
    #Remover puntuaciones
    myCorpus <- tm_map(myCorpus, content_transformer(removeNumPunct))
    #Cambiar a minusculas
    myCorpus <- tm_map(myCorpus, content_transformer(tolower))
    #Remover las stopwords
    myCorpus <- tm_map(myCorpus, removeWords, myStopwords)
    #Remover las stopwords personalizadas
    myCorpus = tm_map(myCorpus, removeWords, sw)
    #Remover espacios en blanco extra
    myCorpus <- tm_map(myCorpus, stripWhitespace)
    #Remover numeros
    myCorpus <- tm_map(myCorpus, removeNumbers)
    #Eliminacion de tildes (en caso de problemas con el encoding) y
    #cambio de plurales a singular (segun el caso)
    myCorpus <- replaceWord(myCorpus, "propuestas", "propuesta")
})
})
```

 El mismo objeto **myCorpus** o Corpus, pero depurado, es el que tomaremos para la estructuración en la Matriz Término-Documento.

3.4.3. global.R

En el archivo global.R predefinimos las *funciones* de limpieza.

Código 3.23: global.R. Limpieza de texto

```r
... #------> Codigo obtencion de tweets
... #------> Codigo Corpus


#Funcion reemplazar palabras
replaceWord <- function(corpus, oldword, newword) {
  tm_map(corpus, content_transformer(gsub),
         pattern=oldword, replacement=newword)
}
#Funcion remover retwitters
removeRetweet <- function(x) gsub("(RT|via)((?:\\b\\W*@\\w+)+)", "", x)
#Funcion remover usuarios
removeUser <- function(x) gsub("@[[:alnum:]]*", "", x)
#Funcion remove hashtags
removeHashtags <- function(x) gsub("#\\S*","",x)
#Funcion remover enlaces
```

```
removeURL <- function(x) gsub("http[^[:space:]]*", "", x)
#Funcion remover puntuaciones
removeNumPunct <- function(x) gsub("[^[:alpha:][:space:]]*", "", x)
#Stopwords
myStopwords <- c(stopwords('spanish'))
#Stopwords personalizadas
sw <- readLines("stopwords.txt",encoding="")
```

3.5. Matriz Término-Documento

Una de las herramientas más interesantes es la Matriz Término-Documento. Esta describe la frecuencia de los términos que ocurren en una colección de documentos. Por lo tanto, para cada documento contiene la cantidad de veces que ocurre un término dentro del mismo documento.

En nuestro caso, contiene la frecuencia de cada una de las palabras clave encontradas y su ocurrencia en cada uno de los tweets. Una vez que tenemos una Matriz Término-Documento, podemos aplicar estadísticas más fácilmente para el análisis del texto.

Veamos un ejemplo práctico para comprender esta matriz, supongamos que tenemos 3 documentos en el **Corpus**, luego de la limpieza de texto nos queda:

- Doc1 : "gusta programar"
- Doc2 : "odio programar"
- Doc3 : "aburrido programar"

Terms	Doc1	Doc2	Doc3
gusta	1	0	0
odio	0	1	0
aburrido	0	0	1
programar	1	1	1

Cuadro 3.1: Ejemplo de la Matriz Término-Documento
Fuente: Autor.

El objetivo de esta matriz es *estructurar* los datos, convirtiéndolos en un objeto en el cual se puede aplicar todo tipo de análisis estadístico, tomando la frecuencia de cada termino por documento.

Además del hecho de que, en esta matriz, una gran cantidad de funciones R (como clustering, clasificaciones, etc.) pueden ser aplicadas, las cuales veremos a continuación.

3.5.1. server.R

La Matriz Término-Documento se forma a partir del Corpus depurado, se ejecuta dentro de la misma función **observeEvent()**, accionada por el input "Go". Lo que se requiere del lado del servidor es:

1. El **reactiveValue tdm** para la disponibilidad de la matriz.

2. La función **TermDocumentMatrix()** aplicada al Corpus depurado.

3. La asignación del objeto **tdm** la valor reactivo.

```
Código 3.24: server.R Matriz Término-Documento

library(shiny)
shinyServer(function(input, output, session) {
...
#1
rv_b <- reactiveValues(tdm = NULL)

observeEvent(input$go, {
    ... #------> Codigo obtencion de tweets
    ... #------> Codigo Corpus
    ... #------> Codigo limpieza de texto
    #2
    tdm <- TermDocumentMatrix(myCorpus, control = list(wordLengths = c(1, Inf)))
    #3
    rv_b$tdm <- tdm
})
})
```

 Del objeto reactivo **rv_b$tdm** parten todos los análisis que veremos a continuación.

3.6. Términos Frecuentes

Los Términos Frecuentes son aquellas palabras que poseen la mayor frecuencia o conteo en la Matriz Término-Documento; su cálculo es sencillo, es la sumatoria de los conteos por cada fila o término. Veamos el mísmo ejemplo práctico:

Terms	Doc1	Doc2	Doc3	Total
gusta	1	0	0	1
odio	0	1	0	1
aburrido	0	0	1	1
programar	1	1	1	3

Cuadro 3.2: Ejemplo Términos Frecuentes

Fuente: Autor.

El paquete **tm** ofrece una forma más sencilla y corta para obtener estos términos:

```
Código 3.25: findFreqTerms

findFreqTerms(tdm, lowfreq = 50)
```

Obtenemos un vector con los términos cuya frecuencia en la Matriz Término-Documento es mayor a 50, a modo de ejemplo.

3.6.1. ui.R

En al interfaz de usuario se necesita:

1. La frecuencia mínima o **lowfreq** para determinar que términos se van a mostrar.
2. La función **plotOutput()** para el gráfico resultado.

```
Código 3.26: ui.R Términos Frecuentes

library(shiny)

shinyUI(

  ...

  tabPanel("frequent terms",
  ... #------> Tu codigo layout aqui

  sidebarPanel(

  #1
  sliderInput("lowfreq", "frecuencia minima:", min = 50, max = 150, value =75)

  ),
  ... #------> Tu codigo layout aqui

  #2
  plotOutput("frequent",width = "100%", height = "800px")

))
```

3.6.2. server.R

Del lado del servidor se necesita validar el input "Go", dentro de la función **renderPlot()** para generar el gráfico:

```
Código 3.27: server.R Términos Frecuentes

library(shiny)

shinyServer(function(input, output, session) {
```

```
...

output$frequent <- renderPlot({

  validate(
    need(input$go, "please select a twitter to download")
  )

  term.freq <- rowSums(as.matrix(rv_b$tdm))
  term.freq <- subset(term.freq, term.freq >= input$lowfreq)
  df <- data.frame(term = names(term.freq), freq = term.freq)

  t <-ggplot(df, aes(x=term, y=freq)) +
    geom_bar(stat="identity", fill="steelblue") +
    xlab("Terms") +
    ylab("Count") +
    ggtitle("frequent terms")+
    coord_flip() +
    theme(axis.text=element_text(size=9))

  t


  })
})
```

3.6.3. global.R

Añadimos la biblioteca **ggplot2**:

```
Código 3.28: global.R Términos Frecuentes
... #———> Codigo obtencion de tweets
... #———> Codigo Corpus
... #———> Funciones limpieza

library(ggplot2)
```

El resultado es la representación visual de los mismos Términos Frecuentes que se obtienen con la función **findFreqTerms**.

3.7. Nube de Palabras

La Nube de Palabras es una representación más amigable y sencilla de los términos más frecuentes, en este tipo de gráfico las palabras más frecuentes son de mayor tamaño y viceversa.

3.7.1. ui.R

En al interfaz de usuario se necesita:

1. La frecuencia mínima o **freq** de cada palabra que compone la nube de palabras.

2. El numero maximo de palabras o **max** a mostrar en la nube de palabras.

3. La función **plotOutput()** para el gráfico resultado.

Código 3.29: ui.R Nube de Palabras

```
library(shiny)

shinyUI(

   ...

   tabPanel("wordcloud",
   ... #———> Tu codigo layout aqui

   sidebarPanel(
#1
   sliderInput("freq", "frecuencia minima:", min = 1,  max = 150, value = 1),
#2
   sliderInput("max","numero maximo de palabras:",min = 10,  max = 300,  value = 200)

   ),
   ... #———> Tu codigo layout aqui

#3
   plotOutput("cloud",width = "100%", height = "800px")

))
```

3.7.2. server.R

Del lado del servidor se necesita validar el input "Go", dentro de la función **renderPlot()** para generar el gráfico:

Código 3.30: server.R Nube de Palabras

```
library(shiny)

shinyServer(function(input, output, session) {

...

output$cloud <- renderPlot({

   validate(
     need(input$go, "please select a twitter to download")
   )

   m <- as.matrix(rv_b$tdm)
   word.freq <- sort(rowSums(m), decreasing = T)
```

```
    wordcloud(words = names(word.freq),
            freq = word.freq,
            min.freq = input$freq,
            max.words=input$max,
            random.order = F,
            colors = brewer.pal(6, "Dark2")
            )


  })
})
```

3.7.3. global.R

Añadimos la biblioteca **wordcloud** y **RColorBrewer**:

```
Código 3.31: global.R Nube de Palabras

... #———> Codigo obtencion de tweets
... #———> Codigo Corpus
... #———> Funciones limpieza


library(ggplot2)
library(wordcloud)
library(RColorBrewer)
```

Lo cual nos arroja el gráfico de la Nube de Palabras, en donde cada palabra tiene una frecuencia o conteo mínimo de 1 y la nube muestra como máximo 300 de estas palabras.

3.8. Red de Términos

La Red de Términos es un gráfico que representa la correlación entre los términos más frecuentes de la Matriz Término-Documento, los cuales se representan en nodos o **nodes**, y la correlación en links o **edges**, cuyo tamaño varia en proporción al coeficiente de correlación (a mayor correlación entre términos, el link es más grueso y viceversa).

A diferencia de las términos frecuentes y nube de palabras, para la elaboración de esta gráfica necesitamos la instalación de 2 paquetes provenientes de *Bioconductor*:

```
https://bioconductor.org/
```

Bioconductor proporciona herramientas para el análisis y la comprensión de datos genómicos de alto rendimiento. Bioconductor utiliza el lenguaje de programación estadística R, y es de código abierto y desarrollo abierto [29].

Código 3.32: Instalación Bioconductor
```r
source('https://bioconductor.org/biocLite.R')
biocLite('graph')
n

source("https://bioconductor.org/biocLite.R")
biocLite("Rgraphviz")
n
```

3.8.1. ui.R

En al interfaz de usuario se necesita:

1. La frecuencia mínima o **lowfreq2** de cada palabra que compone la red de términos.
2. La correlación límite o **corThreshold**.
3. La función **plotOutput()** para el gráfico resultado.

Código 3.33: ui.R Red de Términos
```r
library(shiny)

shinyUI(

  ...

  tabPanel("network of terms",
    ... #------> Tu codigo layout aqui

  sidebarPanel(
  #1
  sliderInput("lowfreq2", "frecuencia minima:", min = 50, max = 150, value = 50),
  #2
  sliderInput("corThreshold", "correlacion limite:", min = 0.01, max = 1, value = 0.25)
  ),
    ... #------> Tu codigo layout aqui


  #3
  plotOutput("network",width = "100%", height = "600px"),


))
```

3.8.2. server.R

Del lado del servidor se necesita validar el input "Go", dentro de la función **renderPlot()** para generar el gráfico:

Código 3.34: server.R Red de Términos
```r
library(shiny)
```

```
shinyServer(function(input, output, session) {

...

output$network <- renderPlot({

   validate(
     need(input$go, "please select a twitter to download")
   )

   freq.terms <- findFreqTerms(rv_b$tdm, lowfreq = input$lowfreq2)

   plot(rv_b$tdm,

        terms = freq.terms,
        corThreshold = input$corThreshold,
        weighting = T,
        main= "network of terms",

        attrs=list(node=list(
                            label="foo",
                            fillcolor="#5edee5",
                            fontsize=25,
                            height=1.20,
                            width=1.20
                            ),

                  edge=list(color="#1795bc",
                            width="0.2"
                            )
                  )
        )
   )
})
})
```

3.8.3. global.R

Añadimos la biblioteca **graph** y **Rgraphviz** obtenidas anteriormente de *Bioconductor*:


```
... #------> Codigo obtencion de tweets
... #------> Codigo Corpus
... #------> Funciones limpieza


library(ggplot2)
library(wordcloud)
library(RColorBrewer)
library(graph)
library(Rgraphviz)
```

Obtenemos una Red de Términos en la que cada término en los nodos tiene una frecuencia mínima de 50 y cada link que se visualiza entre ellos corresponde a una correlación límite o **corThreshold** de 0.25, por lo que correlaciones inferiores a esta no se visualizaran.

Ahora si queremos ver las correlaciones individuales de cada término que componen la red empleamos el siguiente comando:

```
Código 3.36: findAssocs

findAssocs(tdm, "votar", corlimit = 0.8)
```

La función **findAssocs** funciona de la misma manera que la función **cor()**, obtiene las correlaciones del término seleccionado respecto a los términos dentro de la Matriz Término-Documento, da como resultado aquellos que poseen la correlación mínima fijada, a modo de ejemplo, todos los términos correlacionados con la palabra "votar" que tengan una correlación superior al 0.80.

3.9. Términos Dispersos

La Matriz Término-Documento tiende a ser muy grandes para los conjuntos de datos de tamaño normal. Por lo tanto, existe un método para eliminar términos escasos, es decir, términos que ocurren solo en muy pocos documentos. Normalmente, esto reduce la matriz dramáticamente sin perder relaciones significativas inherentes a la matriz [10].

```
Código 3.37: removeSparseTerms

removeSparseTerms(tdm, sparse = 0.95)
```

El parámetro **sparse** en la función hace referencia a la dispersión máxima permitida, a menor su porcentaje de participación, se conservarán menos términos (los más comunes). Un enfoque de "prueba-error"puede finalmente devolver una cantidad adecuada de términos [18].

La dispersión se refiere al umbral de la frecuencia relativa del documento para un término, por encima del cual se eliminará el término. La frecuencia relativa del documento aquí significa una proporción [28].

Esta función elimina los términos que tienen al menos un 0.95 de elementos dispersos (es decir, términos que ocurren 0 veces en un documento).

3.10. Clusters de Texto

"Clustering" es una tarea de aprendizaje automático no supervisada que divide automáticamente el datos en clusters o agrupaciones de elementos similares. Lo hace sin haber dicho cómo deberían verse los grupos. Como ni siquiera podemos saber qué estamos buscando, la agrupación en clúster se utiliza para el descubrimiento de conocimiento en lugar de la predicción. Proporciona una idea de las agrupaciones naturales encontradas en los datos [1].

Sin un conocimiento previo de lo que comprende un clúster, ¿cómo podría un computador saber dónde termina un grupo y comienza otro? La respuesta es simple. La agrupación está guiada por el principio de que los registros dentro de un clúster deben ser muy similares entre sí, pero muy diferentes de los que están afuera [1].

En general, la agrupación es útil cuando los datos diversos y variados se pueden ejemplificar por un número mucho más pequeño de grupos. Resulta en estructuras significativas y procesables dentro de los datos que reducen la complejidad y proporcionan una idea de los patrones de relaciones [1].

3.10.1. Clúster Jerárquico

La agrupación jerárquica es otro enfoque de la agrupación de n unidades (u objetos), cada una descrito por características de p, en un número más pequeño de grupos. Agrupación jerárquica crea una jerarquía de clúster que se pueden representar en un diagrama arborescente, llamado dendrograma [4].

En el dendrograma, las unidades en el mismo grupo están unidas por un línea horizontal, con la escala en el eje y del dendrograma que refleja una medida de las distancias de las unidades dentro del clúster. Las hojas en la parte inferior del dendrograma representar las unidades individuales; las hojas se combinan para formar pequeñas ramas, las ramas pequeñas se combinan en ramas más grandes, hasta que uno alcanza el tronco o raíz del árbol que representa un único grupo que contiene todas las unidades. Dendrogramas son bastante útiles ya que nos dan una representación visual de los clusters [4].

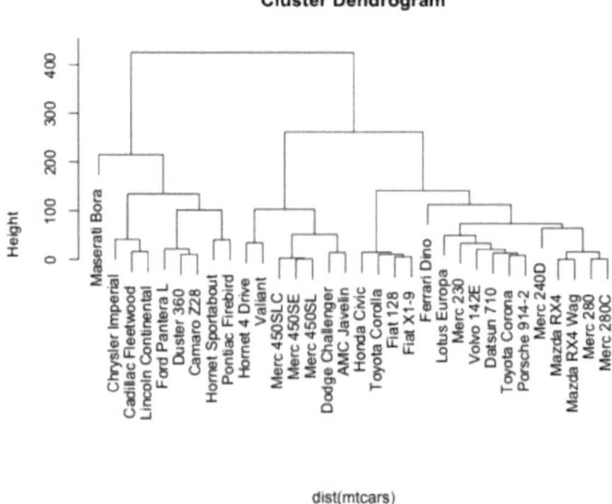

Figura 3.3: Ejemplo Clúster Jerárquico

Fuente: https://rpubs.com/gaston/dendrograms

Los algoritmos para la agrupación jerárquica pueden ser **aglomerativos**. Los procedimientos aglomerativos representan un enfoque de "abajo hacia arriba", donde cada unidad comienza en su propio el clúster y los pares de clústeres se fusionan a medida que avanzamos en la jerarquía. Procedimientos divisivos representan un enfoque de "arriba hacia abajo", donde todas las unidades comienzan en un grupo y las divisiones se realizan recursivamente a medida que avanzamos en la jerarquía [4]. Los procedimientos de agrupación jerárquica requieren una medida de distancia y una criterio de ligamiento.

Al partir de la Matriz Término-Documento, lo que se esta haciendo es un **Clúster de Términos**. Veamos un ejemplo:

Term	Doc1	Doc2	Doc3
chile	1	0	1
vamos	0	1	0
apoyo	0	0	0
lunes	1	1	0
visita	1	1	0
mujer	1	1	0
horas	1	1	0
noticiero	1	1	0

Cuadro 3.3: Ejemplo Matriz para Clúster Jerárquico

Fuente: Autor.

En este caso los clústers a obtener lo componen palabras, no documentos.

3.10.1.1. ui.R

En al interfaz de usuario se necesita:

1. RemoveSparseTerms o **h_ sparse** para definir el tamaño de la Matriz Termino-Documento a trabajar.
2. La distancia a usar o **h_ distance**.
3. El método de aglomeración a usar o **method**.
4. La función **plotOutput()** para el gráfico resultado.

```
Código 3.38: ui.R Clúster Jerárquico
library(shiny)

shinyUI(

  ...


  tabPanel("hierarchical cluster",
  ... #——————> Tu codigo layout aqui

  sidebarPanel(
```

```
#1
sliderInput("h_sparse","removeSparseTerms:", value = 0.99, min = 0.95, max = 0.99, step =
  0.01),
#2
selectInput("h_distance", "distancia a usar:",
                c(
                    "euclidean" = "euclidean",
                    "maximum" = "maximum",
                    "manhattan" = "manhattan",
                    "canberra" = "canberra",
                    "binary" = "binary",
                    "minkowski" = "minkowski"


                )
                ),
#3
selectInput("method", "metodo de aglomeracion a usar:",
                c(
                    "ward.D" = "ward.D",
                    "ward.D2" = "ward.D2",
                    "single" = "single",
                    "complete" = "complete",
                    "average" = "average",
                    "mcquitty" = "mcquitty",
                    "median" = "median",
                    "centroid" = "centroid"


                )


        )
    ),
... #-----> Tu codigo layout aqui


#4
plotOutput("hcluster",width = "100%", height = "600px")


))
```

3.10.1.2. server.R

Del lado del servidor se necesita validar el input "Go", dentro de la función **renderPlot()** para generar el gráfico:

```
Código 3.39: server.R Clúster Jerárquico
library(shiny)


shinyServer(function(input, output, session) {

...
```

```r
output$hcluster <- renderPlot({

    validate(
      need(input$go, "please select a twitter to download")
    )

    tdm2 <- removeSparseTerms(rv_b$tdm, sparse = input$h_sparse)
    m2 <- as.matrix(tdm2)
    distMatrix <- dist(scale(m2), method = input$h_distance)
    fit <- hclust(distMatrix, method = input$method)

    plot(fit, main= "cluster dendrogram")

})
})
```

Para el Clúster Jerárquico se recomienda un **sparse** de 0.95 es decir estamos eliminando los términos más dispersos en la Matriz Término-Documento. La función **scale** estandariza las frecuencias. Para construir la matriz de distancias se usó la distancia **euclidiana**, el método a usar fue **ward.D**.

3.10.2. kmedias Clúster

El algoritmo kmedias es quizás el método de agrupación más utilizado. Estudiado durante varias décadas, sirve como base para muchos más sofisticadas técnicas de agrupación.

Entre las ventajas que ofrece tenemos:

- Utiliza principios simples para identificargrupos que se pueden explicar en términos no estadísticos.
- Es altamente flexible y puede ser adaptado para abordar casi todo su deficiencias con ajustes simples.
- Es bastante eficiente y funciona bien en dividir los datos en útiles racimos [1].

El algoritmo kmedias implica asignar cada uno de los n ejemplos a uno de los k clúster, donde k es un número que se ha definido antes de tiempo. El objetivo es para minimizar las diferencias dentro de cada grupo y maximizar las diferencias entre los mismos.

A menos que k y n sean extremadamente pequeños, no es posible calcular los clusters óptimos a través de todas las posibles combinaciones de ejemplos. En cambio, el algoritmo usa una heurística que encuentra soluciones localmente óptimas. Poniéndolo simplemente, esto significa que comienza con una conjetura inicial para las asignaciones del clúster y luego modifica ligeramente las asignaciones para ver si los cambios mejoran la homogeneidad dentro de los grupos [1].

Para obtener el kmedias Clúster de $k = 4$, sobre la *Matriz Término-Documento* o **tdm** a modo de ejemplo, ejecutamos:

Código 3.40: kmedias Clúster

```
#kmedias Cluster
tdm2 <- removeSparseTerms(tdm, sparse = 0.99)
m2 <- as.matrix(tdm2)
m3 <- t(m2)
set.seed(2017)
k <- 4
kmeansResult <- kmeans(m3, k)
```

Para el kmedias Clúster se recomienda un **sparse** de 0.99, es decir estamos conservando los términos más dispersos en la Matriz Término-Documento. Dado que todos los términos están medidos en la misma unidad de medida, no se optó por la función **scale** para estandarizar las frecuencias, de ser así se hubiera aplicado a la matriz transpuesta, es decir, **m3**. Al trabajar con la matriz transpuesta o una *Matriz Documento-Término*, estamos haciendo un **Clúster de Documentos**. Veamos un ejemplo de esta matriz:

Doc	vamos	chile	apoyo	lunes	visita	mujer	horas	noticiero
Doc1	1	0	1	1	0	1	0	0
Doc2	0	1	0	1	0	1	0	0
Doc3	0	0	0	1	0	1	0	0
Doc4	1	1	0	1	0	0	0	0
Doc5	1	1	0	1	0	0	0	1
Doc6	2	1	0	1	0	0	0	1

Cuadro 3.4: Ejemplo Matriz transpuesta para kmedias Clúster
Fuente: Autor.

En este caso $k = 4$, pero debemos poder fijar un número óptimo de clúster. Para ello primero usamos la biblioteca **factoextra**, que provee de herramientas para extraer y visualizar los resultados de análisis de datos multivariables.

Código 3.41: Instalación factoextra

```
install.packages("factoextra")
```

Ahora vamos a determinar y visualizar el número óptimo de clúster mediante el método de la suma de cuadrados dentro de los grupos o **within cluster sums of squares (wss)**, el cual nos ayuda en la elección de k. Trabajamos con la matriz transpuesta **m3**.

Código 3.42: Número óptimo de clúster

```
library("factoextra")

#Numero optimo de cluster
fviz_nbclust(m3, kmeans, method = "wss", linecolor = "steelblue")
```

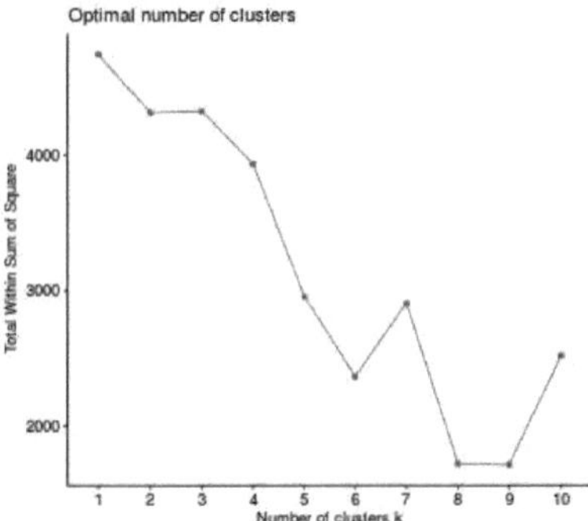

Figura 3.4: Ejemplo gráfico suma de cuadrados dentro de los grupos (wss)
Fuente: Autor.

La siguiente función proporciona una visualización elegante basada en la biblioteca **ggplot2** de métodos de particionamiento de kmedias. Trabajamos con la matriz transpuesta **m3**.

```
Código 3.43: kmedias Clúster gráfico
library("factoextra")
#kmedias Cluster grafico
mydata <- data.frame(m3, kmeansResult$cluster)
    fviz_cluster(kmeansResult, data = mydata)+
    scale_color_brewer(palette = "Set2")+
    scale_fill_brewer(palette = "Set2") +
    theme_minimal()
```

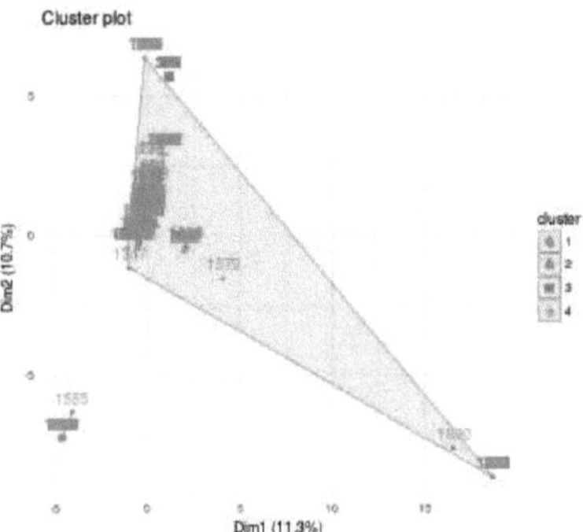

Figura 3.5: Ejemplo gráfico kmedias Clúster
Fuente: Autor.

Esta función no es más que una visualización de los k clúster construido en capas, similar como funcionan los gráficos en la biblioteca **ggplot2**, en donde podemos añadir capa tras capa para estilizar el gráfico.

Ahora para ver los promedios de cada clúster ejecutamos el siguiente comando:

```
Código 3.44: kmedias Clúster medias
#kmedias Cluster medias
aggregate(m3,by=list(kmeansResult$cluster),FUN=mean)
```

Finalmente, para la extracción de los términos que componen cada uno de los k clúster, nos basamos en los clusters medias o **centers**, tomando en forma decreciente los primeros 5 términos.

```
Código 3.45: kmedias Clúster texto
#kmedias Cluster texto
    for (i in 1:k) {
     cat(paste("cluster ", i, ": ", sep = ""))
     s <- sort(kmeansResult$centers[i, ], decreasing = T)
     cat(names(s)[1:5], "\n")}
```

Los que nos da como resultado un listado de los k clústers con los 5 términos que lo componen aproximadamente. Veamos el siguiente ejemplo para comprender mejor este paso:

Cluster	vamos	chile	apoyo	lunes	visita	mujer	horas	noticiero
Cluster1	0.98	0.95	0.86	0.00	0.01	0.00	0.00	0.00
Cluster2	0.00	0.00	0.10	0.99	0.89	0.95	0.00	0.00
Cluster3	0.01	0.10	0 .00	0.00	0.00	0.00	0.90	0.85

Cuadro 3.5: Ejemplo kmedias Clúster Centers

Fuente: Autor.

Tomando en forma decreciente los primeros 5 términos de cada k clústers tenemos:

- Cluster1 : "vamos chile apoyo"
- Cluster2 : "lunes mujer visita"
- Cluster3 : "horas noticiero"

Como vemos este método consiste en un Clúster de Documentos, que nos obtiene los términos que mejor describen a cada clúster. Ahora procedemos con el acoplamiento a nuestra aplicación web.

3.10.2.1. ui.R

En al interfaz de usuario se necesita:

1. RemoveSparseTerms o **k_ sparse** para definir el tamaño de la Matriz Termino-Documento a trabajar.
2. El número de clúster o **k**.
3. La función **plotOutput()** para el kmedias Clúster gráfico.
4. La función **plotOutput()** para el número óptimo de clúster.
5. La función **verbatimTextOutput()** para el kmedias Clúster texto.

Código 3.46: ui.R Kmedias Clúster

```r
library(shiny)

shinyUI(

  ...

  tabPanel("kmeans cluster",
  ... #------> Tu codigo layout aqui

  sidebarPanel(
  #1
  sliderInput("k_sparse","removeSparseTerms:", value = 0.99, min = 0.95, max = 0.99, step =
    0.01),
  #2
  sliderInput("k", "numero de cluster:", min = 1, max = 10, value = 4, step = 1)
  ),

  ... #------> Tu codigo layout aqui

  #3
  plotOutput("kcluster_c",width = "100%", height = "400px"),
  #4
  plotOutput("kcluster_d",width = "100%", height = "400px"),
  #5
  verbatimTextOutput("kcluster_b")

))
```

3.10.2.2. server.R

Del lado del servidor se necesita validar el input "Go", dentro de las siguientes funciones:

1. La función **renderPlot()** para kmedias Clúster gráfico.
2. La función **renderPlot()** para el número óptimo de clúster.
3. La función **renderPrint()** para el kmedias Clúster texto.

Código 3.47: server.R Kmedias Clúster

```r
library(shiny)

shinyServer(function(input, output, session) {

...
#1
output$kcluster_c <- renderPlot({

    validate(
      need(input$go, "please select a twitter to download")
    )
```

```r
    dat <- data.frame(x = numeric(0), y = numeric(0))

    tdm2 <- removeSparseTerms(rv_b$tdm, sparse = input$k_sparse)
    m2 <- as.matrix(tdm2)
    m3 <- t(m2)
    set.seed(2017) #---> Replicar resultados
    k <- input$k
    kmeansResult <- kmeans(m3, k)
    mydata <- data.frame(m3, kmeansResult$cluster)

    fviz_cluster(kmeansResult, data = mydata)+
      scale_color_brewer(palette = "Set2")+
      scale_fill_brewer(palette = "Set2") +
      theme_minimal()
  })


#2
  output$kcluster_d <- renderPlot({

    validate(
      need(input$go, "please select a twitter to download")
    )

    tdm2 <- removeSparseTerms(rv_b$tdm, sparse = input$k_sparse)
    m2 <- as.matrix(tdm2)
    m3 <- t(m2)
    set.seed(2017) #---> Replicar resultados

    fviz_nbclust(m3, kmeans, method = "wss",linecolor = "steelblue")

  })

#3
output$kcluster_b <- renderPrint({

    validate(
      need(input$go, "please select a twitter to download")
    )

    tdm2 <- removeSparseTerms(rv_b$tdm, sparse = input$k_sparse)
    m2 <- as.matrix(tdm2)
    m3 <- t(m2)
    set.seed(2017) #---> Replicar resultados
    k <- input$k
    kmeansResult <- kmeans(m3, k)

    for (i in 1:k) {
      cat(paste("cluster ", i, ": ", sep = ""))
      s <- sort(kmeansResult$centers[i, ], decreasing = T)
```

```
        cat(names(s)[1:5], "\n")}
  })
})
```

3.10.2.3. global.R

Añadimos la biblioteca **factoextra**:

```
Código 3.48: global.R Kmedias Clúster
... #------> Codigo obtencion de tweets
... #------> Codigo Corpus
... #------> Funciones limpieza

library(ggplot2)
library(wordcloud)
library(RColorBrewer)
library(graph)
library(Rgraphviz)
library(factoextra)
```

3.11. Modelador de Tópicos

En el aprendizaje automático y el procesamiento del lenguaje natural, Modelador de Tópicos son **modelos generativos**, que proporcionan un marco probabilístico. Los métodos del Modelador de Tópicos generalmente se usan para organizar, comprender, buscar y resumir archivos electrónicos grandes de forma automática.

Los Tópicos significan las relaciones ocultas, estimadas y variables que vinculan las palabras en una vocabulario y su ocurrencia en los documentos. Un documento se ve como una mezcla de temas. El Modelador de Tópicos descubre los temas ocultos a través de la colección y anota los documentos de acuerdo a esos temas. Cada palabra se ve como extraída de uno de esos temas. Finalmente, se genera la distribución de cobertura de temas de documentos y proporciona una nueva forma de explorar los datos sobre la perspectiva de los temas [11].

3.11.1. Latent Dirichlet Allocation LDA

La Latent Dirichlet Allocation LDA, es un modelo generativo que permite que conjuntos de observaciones ser explicados por grupos no observados, que indican por qué algunas partes de los datos son similares. LDA tuvo un gran impacto en los campos del procesamiento del lenguaje natural y el aprendizaje automático estadístico, y se ha convertido rápidamente en una de las técnicas de modelado de texto probabilístico más populares en aprendizaje automático [11].

Intuitivamente en LDA, los documentos muestran múltiples temas. En el preprocesamiento de texto, excluimos "signos de puntuación" y "stop words". Por lo tanto, cada documento se considera como una mezcla de temas de todo el corpus. Un tema es una distribución sobre un vocabulario fijo. Estos temas se generan a partir de la colección de documentos [11].

Dada esta suposición, de cómo se crean los documentos, LDA retrocede e intenta descubrir qué temas crearían esos documentos en primer lugar [27]. Para poder ejecutar el Modelador de Tópicos empleamos el siguiente paquete:

Código 3.49: Instalación topicmodels

```
install.packages("topicmodels")
```

El cual proporciona una interfaz para el código C, para Latent Dirichlet Allocation (LDA) y modelos de temas correlacionados.

Código 3.50: Latent Dirichlet Allocation

```
library(topicmodels)

#Matriz Documento-Termino
dtm <- as.DocumentTermMatrix(tdm)

#LDA
rowTotals <- apply(dtm , 1, sum)
dtm.new   <- dtm[rowTotals> 0, ]
lda <- LDA(dtm.new, k = 6) #---> Topicos
term <- terms(lda , 4)        #---> Terminos por Topico

    (term <- apply(term, MARGIN = 2, paste, collapse = ", "))
    topic <- topics(lda , 1)
    prueba1 <- data.frame(topic)
    prueba2 <- data.frame(date=(tweets.df$created))
    prueba3 <- merge(prueba1 ,prueba2 , by='row.names' )
```

Para la obtención de los Tópicos se necesita la *Matriz Documento-Término*, en este caso estamos obteniendo 6 tópicos con 4 términos por tópico. Los data.frames **prueba1, 2 y 3** es un procedimiento para corregir la existencia de documentos en blanco, luego de la limpieza de texto. Ahora nos queda por realizar la gráfica.

Código 3.51: Gráfico Latent Dirichlet Allocation

```
library(ggplot2)

    p <- ggplot(prueba3 , aes(x = date)) +
        geom_density(aes(fill = term[topic]), alpha = 0.5)+
        ggtitle("topic modelling")
    p
```

3.11.2. ui.R

En al interfaz de usuario se necesita:

1. El número de tópicos o **topics**.

2. El número de términos por tópico o **term**.

3. La función **plotlyOutput()** para el gráfico LDA.

4. La función **verbatimTextOutput()** para los términos resultantes por tópico del LDA.

Código 3.52: ui.R Modelador de Tópicos

```r
library(shiny)


shinyUI(


  ...


  tabPanel("topic modeling",
  ... #------> Tu codigo layout aqui


  sidebarPanel(
#1
  sliderInput("topics", "topicos:", 4, min = 2, max = 8, step = 1),
#2
  sliderInput("term", "termino por topico:", 4, min = 2, max = 6, step = 1)
  ),


  ... #------> Tu codigo layout aqui


#3
  plotlyOutput("topics_a", width = "100%", height = "500px"),
#4
  verbatimTextOutput("topics_b")


))
```

3.11.3. server.R

Del lado del servidor se necesita validar el input "Go", dentro de las siguientes funciones:

1. La función **renderPlotly()** para el gráfico LDA.

2. La función **renderPrint()** para los términos resultantes por tópico del LDA.

Código 3.53: server.R Modelador de Tópicos

```r
library(shiny)


shinyServer(function(input, output, session) {


  ...


#1
output$topics_a <- renderPlotly({
```

```r
    validate (
      need(input$go, "please select a twitter to download")
    )


    tweets.df <- as.data.frame(rv_a$tweets.df)
    dtm <- as.DocumentTermMatrix(rv_b$tdm)
    rowTotals <- apply(dtm , 1, sum)
    dtm.new   <- dtm[rowTotals> 0, ]
    lda <- LDA(dtm.new, k = input$topics)
    term <- terms(lda , input$term)


    (term <- apply(term , MARGIN = 2, paste , collapse = ", "))
    topic <- topics(lda , 1)
    prueba1 <- data.frame(topic)
    prueba2 <- data.frame(date=(tweets.df$created))
    prueba3 <- merge(prueba1 ,prueba2 , by='row.names' )


    p <- ggplot(prueba3 , aes(x = date)) +
        geom_density(aes(fill = term[topic]), alpha = 0.5)+
        ggtitle("topic modeling")


    ggplotly(p)

  })

#2
output$topics_b <- renderPrint({

    validate (
      need(input$go, "please select a twitter to download")
    )


    tweets.df <- as.data.frame(rv_a$tweets.df)
    dtm <- as.DocumentTermMatrix(rv_b$tdm)
    rowTotals <- apply(dtm , 1, sum)
    dtm.new   <- dtm[rowTotals> 0, ]
    lda <- LDA(dtm.new, k = input$topics)


    (term <- terms(lda , input$term))

  })
})
```

3.11.4. global.R

Añadimos la biblioteca **topicmodels** y **plotly**:

```r
Código 3.54: global.R Modelador de Tópicos
... #------> Codigo obtencion de tweets
... #------> Codigo Corpus
```

```
...  #———> Funciones limpieza

library(ggplot2)
library(wordcloud)
library(RColorBrewer)
library(graph)
library(Rgraphviz)
library(factoextra)
library(topicmodels)
library(plotly)
```

La distribución esta en base al campo de fecha o **created**, el cual puede estar en semanas, días u horas, según la extracción de tweets.

Capítulo 4

Aplicación

4.1. Aplicación web tweetR

La aplicación "tweetR", es una web interactiva desarrollada en lenguaje de programación R, mediante el ambiente de desarrollo "Shiny"', como vimos anteriormente esta web posee las herramientas necesarias que nos permiten automatizar la extracción, depuración, estructuración y análisis de tweets, siendo el resultado final el conocimiento de lo que la gente está diciendo en las redes sociales, en tan solo minutos.

Esta aplicación se halla en el servidor ☁ **"Shinyapps.io"**, usando una cuenta gratuita, la cual permite desplegar hasta 5 aplicaciones, cada una con un límite de 25 horas activas dentro del mes, entiéndase como horas activas cuando la aplicación no está "IDLE" o con inactividad de usuario. Excedido este límite de horas al mes, la aplicación se inactiva hasta el mes siguiente, cuando se renuevan las horas activas. La dirección web de la aplicación es:

```
https://andresr424242.shinyapps.io/tweetR_1/
```

La aplicación nos permite descargar hasta 3000 tweets correspondientes a los últimos 7 días, la distribución de los tweets en el tiempo señalado puede variar según la frecuencia; se puede tener n tweets distribuidos en 6 o 7 días, o estar distribuidos en 6 o 7 horas, según la popularidad de la cuenta de Twitter.

La idea de este prototipo es poner a disposición del usuario las principales herramientas de la minería de textos, a través de la practica interactiva en la web. Como twitters iniciales se consideró a los 8 candidatos presidenciales Chile 2017, dada la coyuntura actual, es un flujo de información abundante y constante que se tomó para esta tesis.

A continuación, realizaremos el análisis de *2000 tweets comprendidos entre el 23 y 29 de noviembre 2017*, correspondientes a los candidatos finalistas en las elecciones presidenciales Chile 2017: *Sebastián Piñera (Caso A) y Alejandro Guillier (Caso B)*.

4.2. Analisis tweets Caso A: Sebastián Piñera

4.2.1. Términos Frecuentes

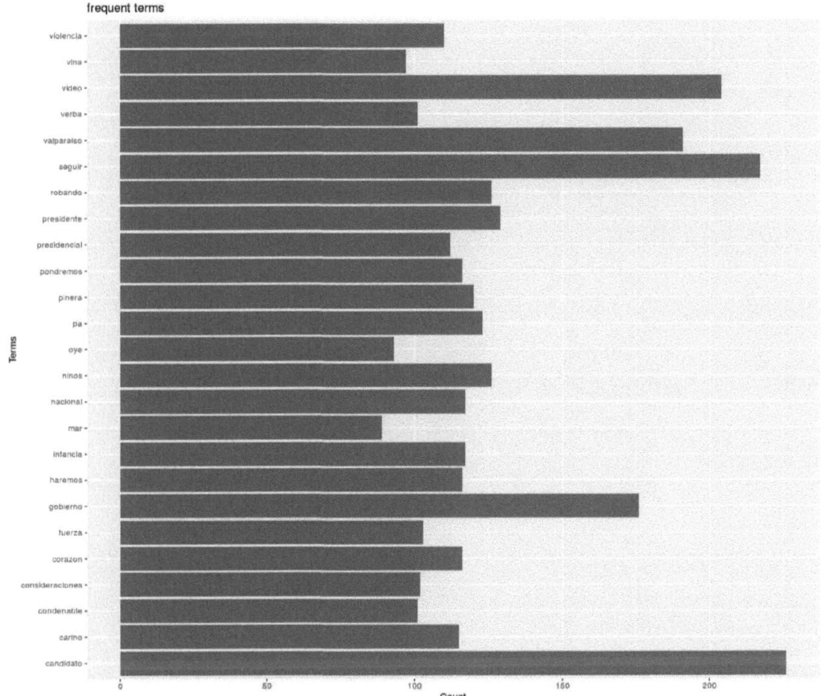

Figura 4.1: Términos Frecuentes Sebastián Piñera

Fuente: `https://andresr424242.shinyapps.io/tweetR_1/`

Entre las palabras que más resaltan tenemos: "candidato", "gobierno", "seguir", "valparaiso", "video".

4.2.2. Nube de Palabras

Figura 4.2: Nube de Palabras Sebastián Piñera

Fuente: `https://andresr424242.shinyapps.io/tweetR_1/`

Tenemos nuevamente las mismas palabras solo que visualizadas en otra forma.

4.2.3.　Red de Términos

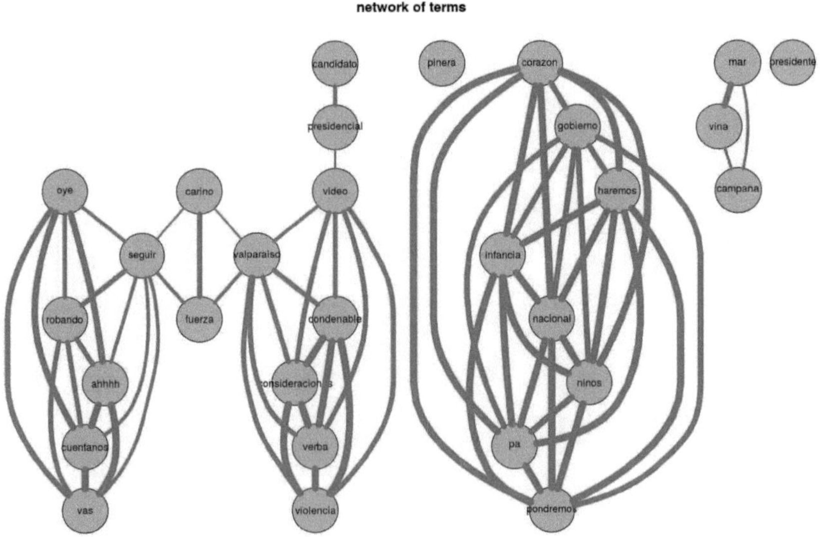

Figura 4.3: Red de Términos Sebastián Piñera

Fuente: `https://andresr424242.shinyapps.io/tweetR_1/`

Vemos claramente que se identifican 4 temas o tópicos, entre los cuales tenemos:

- Tema 1: oye, seguir, robando, cuéntanos, vas. Podemos hacer referencia a un tema que ataca al candidato.

- Tema 2: video, Valparaíso, condenable, consideraciones, verba, violencia. Hace referencia claramente a un video de violencia condenable en Valparaíso, que alude al candidato.

- Tema 3: corazón, gobierno, haremos, infancia, nacional, niños, pondremos. Este tema alude a los niños o infancia, y gobierno.

- Tema 4: viña, mar, campaña. Tenemos una campaña en Viña del Mar.

4.2.4. Clúster Jerárquico

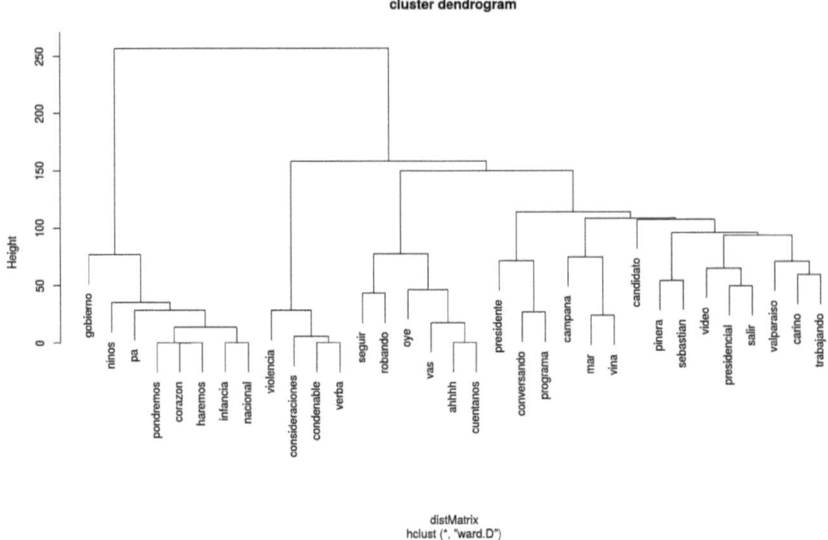

Figura 4.4: Clúster Jerárquico Sebastián Piñera

Fuente: `https://andresr424242.shinyapps.io/tweetR_1/`

Inicialmente podemos ver 2 clústers principales, de los cuales el segundo se subdivide en 4. Tenemos:

- Tema 1: gobierno, niños, pondremos, corazón, haremos, infancia, nacional. Este tema alude a los niños o infancia, respecto alguna acción como gobierno.*(Visto en la Red de Términos)*

- Tema 2: violencia, consideraciones, condenable, verba. Tema que alude al video en Valparaíso.*(Visto en la Red de Términos)*

- Tema 3: seguir, robando, oye, vas, cuéntanos. Tema que alude a la agresión contra el candidato.*(Visto en la Red de Términos)*

- Tema 4: viña, mar, campaña. Tema que alude a la campaña en Viña del Mar.*(Visto en la Red de Términos)*

- Tema 5: Sebastián, Piñera, video, presidencial, salir, Valparaíso, cariño, trabajando. Este se relaciona con el tema 2, respecto al video de violencia en Valparaíso, obtenido en la Red de Términos.

4.2.5. kmedias Clúster

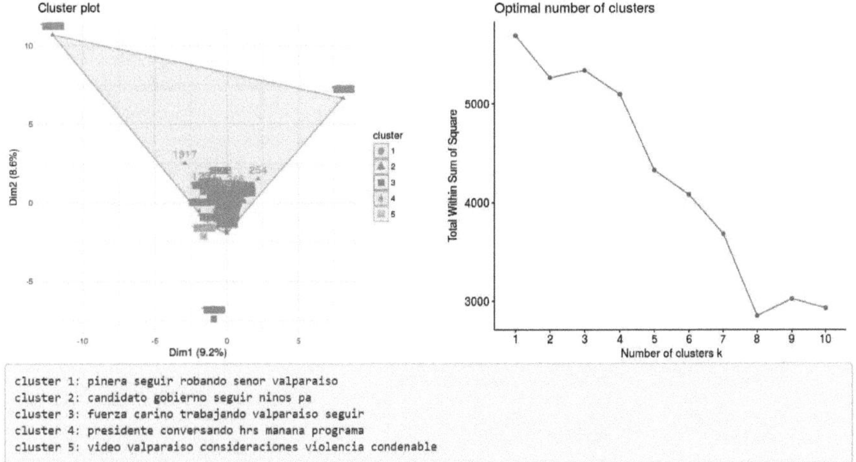

Figura 4.5: kmedias Clúster Sebastián Piñera

Fuente: `https://andresr424242.shinyapps.io/tweetR_1/`

A diferencia de los demás métodos, aquí se fija k, o número de clúster a obtener, en este caso 5 :

- Tema 1: Piñera, seguir, robando, señor, Valparaíso. Tema que se asemeja con los *análisis anteriores*, el cual ataca al candidato.

- Tema 2: candidato, gobierno, seguir, niños. Refiere al tema de los niños, que igualmente empata con los *análisis anteriores*.

- Tema 3: fuerza, cariño, trabajo, Valparaíso, seguir. Este tema empata con el tema 5 en el Clúster Jerárquico, aludiendo a palabras de aliento en Valparaíso. *(Visto en el Clúster Jerárquico)*

- Tema 4: presidente, conversando, hrs, mañana, programa. Refiere a una conversación o entrevista en el programa 24 horas.

- Tema 5: video, Valparaíso, consideraciones, violencia, condenable. Refiere al mismo tema visto en los *análisis anteriores*, de un video de violencia condenable en Valparaíso.

4.2.6. Modelador de Tópicos

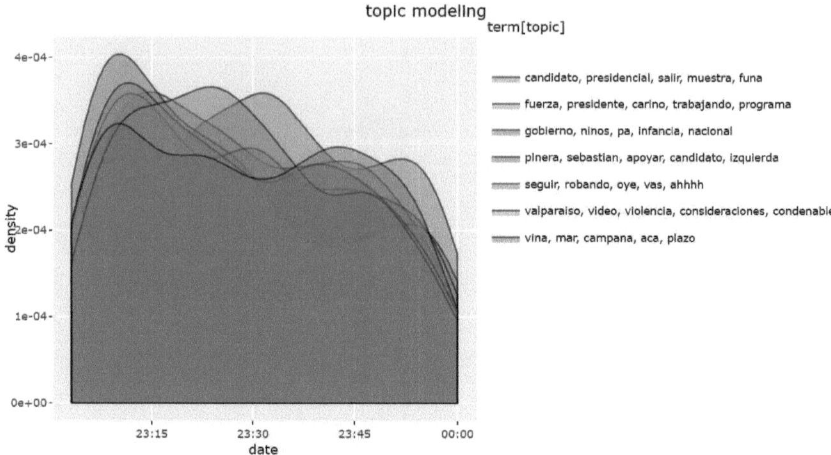

Figura 4.6: Modelador de Tópicos Sebastián Piñera

Fuente: `https://andresr424242.shinyapps.io/tweetR_1/`

Vemos que los 2000 tweets correspondieron a la hora 23:00 del día 29 de noviembre, es decir son de 1 hora, dada la frecuencia con la que se escribe en el Twitter de Sebastián Piñera, siendo alrededor de las 23:10 con la que mayor frecuencia se escribió. Aquí se modelaron 7 temas o tópicos con 5 términos por cada uno.

Vemos claramente que todos los 7 temas refieren a los ya vistos u obtenidos en los análisis anteriores, pero modelados en función de la variable tiempo, en este caso horas. Estos temas ya vistos son:

- Tema 1: candidato, presidencial, salir, muestra. Este es un tema nuevo que surge en el modelador de tópicos.

- Tema 2: fuerza, presidente, cariño, trabajando, programa. Alude al tema 3, el mismo que se halla en el kmedias clúster y clúster jerárquico.

- Tema 3: gobierno, niños, infancia, nacional. Refiere al tema de los niños, que igualmente empata con los *análisis anteriores*.

- Tema 4: Piñera, Sebastián, apoyar, candidato, izquierda. Este es un tema nuevo que surge en el modelador de tópicos.

- Tema 5: seguir, robando, oye, vas. Nuevamente tenemos el tema de la agresión al candidato, ya visto en los *análisis anteriores*.

- Tema 6: Valparaíso, video, violencia, consideraciones, condenable. Igualmente hace referencia claramente a un video de violencia condenable en Valparaíso, visto en los *análisis anteriores*.

- Tema 7: viña, mar, campaña. Reaparece la campaña en Viña del Mar.

4.3. Analisis tweets Caso B: Alejandro Guillier

4.3.1. Términos Frecuentes

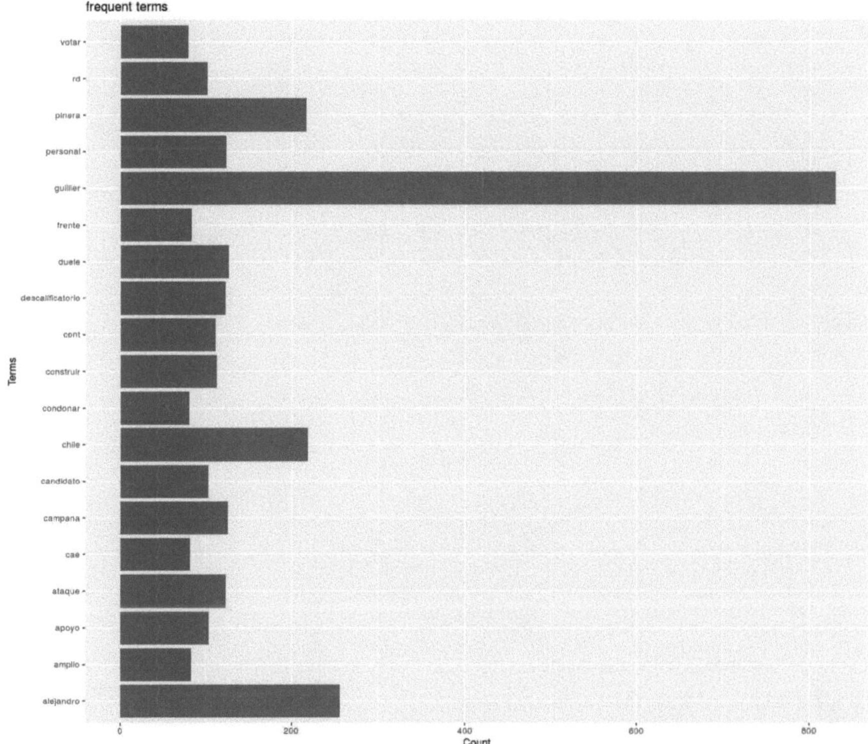

Figura 4.7: Términos Frecuentes Alejandro Guillier

Fuente: `https://andresr424242.shinyapps.io/tweetR_1/`

Entre las palabras que más resaltan tenemos: "Piñera", "chile", "alejandro", "duele", "descalificatorio", "campaña", "ataque".

El nombre Guillier no es producto de una mala limpieza, sino que se debe a que el nombre Guillier fue escrito directamente en un retweet, que se viralizó.

4.3.2. Nube de Palabras

Figura 4.8: Nube de Palabras Alejandro Guillier

Fuente: `https://andresr424242.shinyapps.io/tweetR_1/`

Tenemos nuevamente las mismas palabras solo que visualizadas en otra forma: "Piñera", "chile", "alejandro", "duele", "descalificatorio", "campaña", "ataque".

4.3.3. Red de Términos

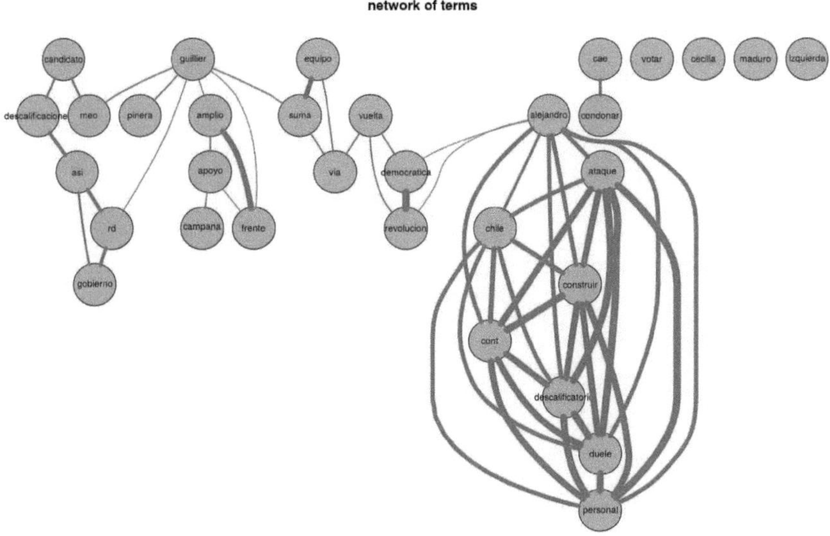

Figura 4.9: Red de Términos Alejandro Guillier

Fuente: `https://andresr424242.shinyapps.io/tweetR_1/`

Vemos que se llegan a identificar 3 temas o tópicos, entre los cuales tenemos:

- Tema 1: candidato, descalificaciones, gobierno. Tema que no está muy claro y que tiene una baja correlación.

- Tema 2: frente, amplio, apoyo, campana. Refiere al tema de campana.

- Tema 3: Alejandro, ataque, Chile, construir, descalificatorio, duele, personal. Este tema es referente a un ataque personal, las correlaciones que muestra este tercer tema son muy fuertes.

4.3.4. Cluster Jerárquico

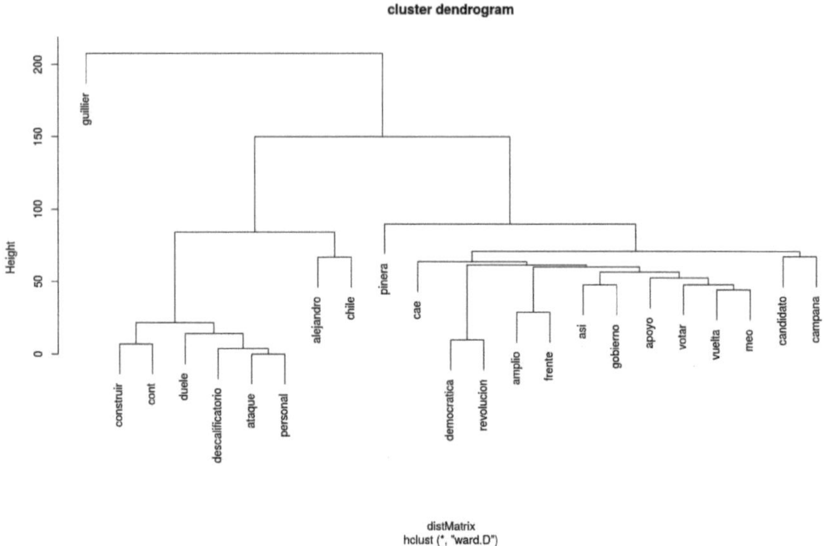

Figura 4.10: Cluster Jerárquico Alejandro Guillier

Fuente: `https://andresr424242.shinyapps.io/tweetR_1/`

Inicialmente podemos ver 2 clúster principales, de los cuales podemos obtener los siguientes temas:

- Tema 1: Ataque, construir, descalificatorio, duele, personal. Este tema es referente a un ataque personal al candidato, que ahora está más claro en el Clúster Jerárquico.*(Visto en la Red de Términos)*

- Tema 2: Alejandro, Chile.

- Tema 3: Democracia, revolución.

- Tema 4: Frente, amplio, gobierno, apoyo, votar, vuelta. Refiere al tema de campana.*(Visto en la Red de Términos)*

- Tema 5: Campana, candidato.

4.3.5. kmedias Clúster

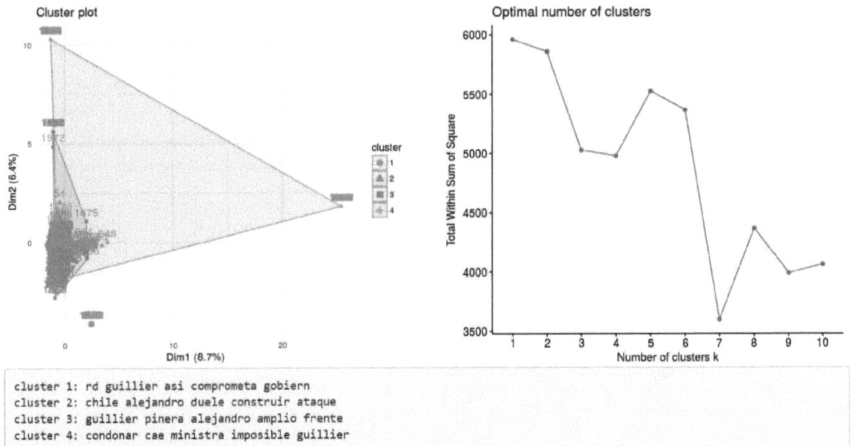

Figura 4.11: Kmedias Clúster Alejandro Guillier

Fuente: `https://andresr424242.shinyapps.io/tweetR_1/`

A diferencia de los demás métodos, aquí se fija k, o número de clúster a obtener, en este caso 4 :

- Tema 1: Guillier, así, comprometa.

- Tema 2: Chile, Alejandro, duele, construir, ataque. Este tema es una unión del tema 1 y tema 2 visto en el *Clúster Jerárquico*.

- Tema 3: Guillier, Piñera, Alejandro, amplio, frente. Nuevamente tenemos el tema de frente amplio, visto en los *análisis anteriores*.

- Tema 4: Condonar, cae, ministra, imposible, Guillier. Tema respecto a una ministra, que podría considerarse como nuevo.

4.3.6. Modelador de Tópicos

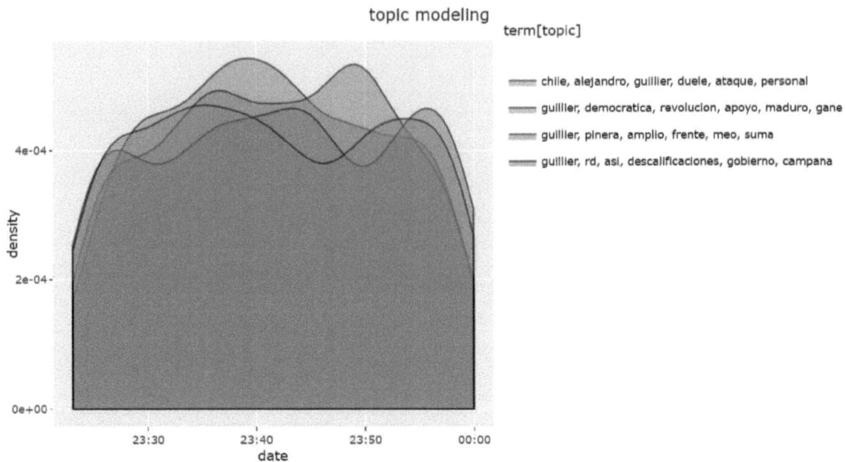

Figura 4.12: Modelador de Tópicos Alejandro Guillier

Fuente: `https://andresr424242.shinyapps.io/tweetR_1/`

Vemos que los 2000 tweets correspondieron a la hora 23:00 del día 29 de noviembre, dada la frecuencia con la que se escribe en el Twitter de Alejandro Guillier, siendo entre las 23:40 y 23:50 con la que mayor frecuencia se escribió. Aquí se modelaron 7 temas o tópicos, con 5 términos por cada uno.

Entre los topicos tenemos:

- Tema 1: Chile, Alejandro, duele, ataque, personal. Este tema es una unión del tema 1 y tema 2 visto en el *Clúster Jerárquico*, que nuevamente reaparece.

- Tema 2: Democracia, revolución, Guillier, apoyo, Maduro, gane. Aquí a los temas ya vistos en los *análisis anteriores*, se le suma la palabra Maduro.

- Tema 3: Frente, amplio. Ya visto en los *análisis anteriores*.

- Tema 4: Descalificaciones, gobierno, campana, así, Guillier.

4.4. Validación de resultados

Según los análisis revisados, vemos claramente que existe un sesgo en el Caso B, ya que es el más difuso y difícil en obtener algo claro y conciso, como se hace en el Caso A.

En el Caso A tenemos:

- Tema 1: candidato, presidencial, salir, muestra.
- Tema 2: fuerza, presidente, cariño, trabajando, programa.
- Tema 3: gobierno, niños, infancia, nacional. Refiere al tema de los niños.
- Tema 4: Piñera, Sebastián, apoyar, candidato, izquierda.
- Tema 5: seguir, robando, oye, vas. Nuevamente tenemos el tema de la agresión al candidato.
- Tema 6: Valparaíso, video, violencia, consideraciones, condenable. Igualmente hace referencia claramente a un video de violencia condenable en Valparaíso.
- Tema 7: viña, mar, campaña. Reaparece la campaña en Viña del Mar.

En el Caso B tenemos:

- Tema 1: Chile, Alejandro, duele, ataque, personal.
- Tema 2: Democracia, revolución, Guillier, apoyo, Maduro, gane.
- Tema 3: Frente, amplio.
- Tema 4: Descalificaciones, gobierno, campana, así, Guillier.

Vemos que la aplicación web resume los 2000 tweets en 7 temas en el Caso A y en 4 temas en el Caso B. Los resultados correspondientes al Caso A son los más óptimos, libres de ruido, ya que los temas se presentan claros y concisos en los distintos análisis presentados, probablemente no hubo un sesgo por retweet. El Caso B, claramente muestra ruido o difusión en los resultados, lo cual se puede haber generado por el tema de los retweets.

Tratándose del Caso A, la aplicación web nos da una información clara, nos ha resumido y agrupado en temas 2000 tweets de manera automatizada, dinámica, instantánea y de fácil comprensión para el usuario; lo cual fue el objetivo principal de esta tesis.

Capítulo 5

Manual de Usuario

5.1. Descarga de Tweets

 Selecciona el twitter a analizar y la cantidad de tweets a descargar, recuerda que la aplicación permite descargar contenido de los últimos 7 días. La distribución de los tweets por día puede variar según la frecuencia con la que se escriba en el mísmo.

1. Selecciona el Twitter.

2. Selecciona la cantidad.

3. Boton "get tweets".

Figura 5.1: Panel Descarga de Tweets

Fuente: `https://andresr424242.shinyapps.io/tweetR_1/`

5.2. Términos Frecuentes

Los términos frecuentes o "frequent terms", son aquellas palabras que más se repiten en los tweets descargados. Se puede ajustar la frecuencia mínima de los términos a visualizar.

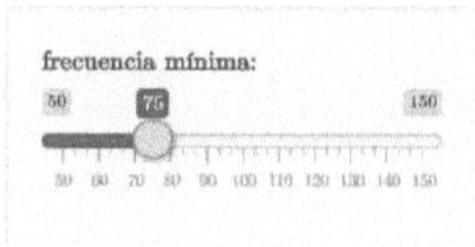

Figura 5.2: Panel Términos Frecuentes

Fuente: `https://andresr424242.shinyapps.io/tweetR_1/`

5.3. Nube de Palabras

La nube de palabras o "wordcloud", es una representación visual de los términos que componen el texto de los tweets, pero ordenados en tamaño según su frecuencia, es decir las palabras de mayor frecuencia poseen un mayor tamaño y viceversa.

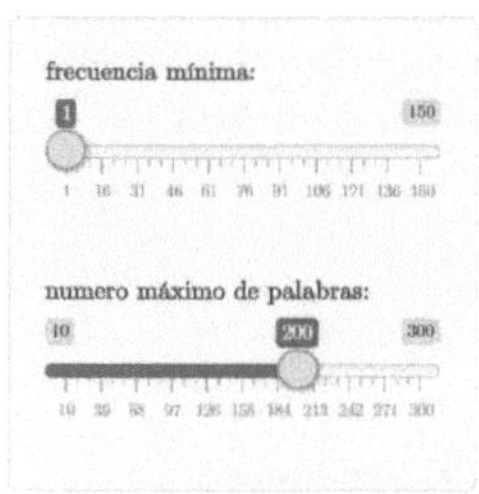

1. Selecciona el frecuencia mínima de las palabras que muestra.

2. Selecciona la cantidad máxima de las palabras en la nube.

Figura 5.3: Panel Nube de Palabras

Fuente: `https://andresr424242.shinyapps.io/tweetR_1/`

5.4. Red de Términos

La red de términos o "network of terms", es la representación visual de las correlaciones existentes entre las palabras más frecuentes, se ajusta la frecuencia mínima y la correlación límite o "corThreshold", las relaciones más fuertes entre términos resaltan más y viceversa.

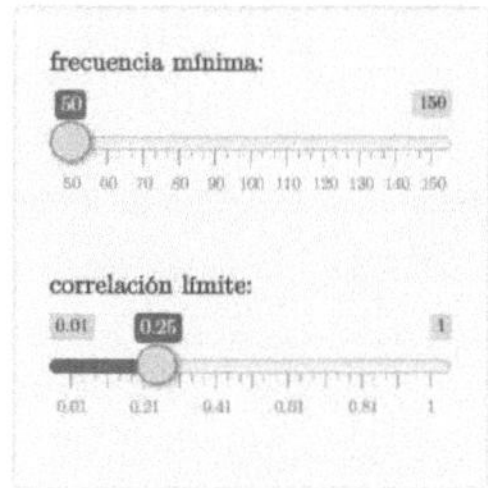

1. Selecciona el frecuencia mínima de las palabras que muestra.

2. Selecciona la correlación límite a visualizar entre palabras.

Figura 5.4: Red de Términos

Fuente: `https://andresr424242.shinyapps.io/tweetR_1/`

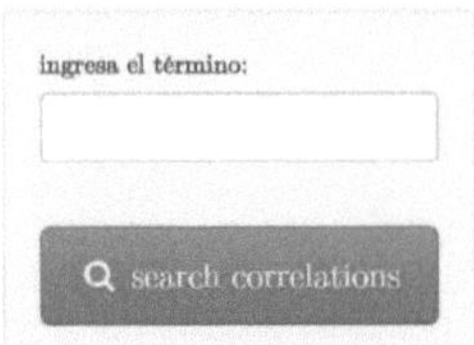

También se puede visualizar las correlaciones término a término, ingresado aquí.

Figura 5.5: Buscador de correlación Red de Términos

Fuente: `https://andresr424242.shinyapps.io/tweetR_1/`

5.5. Clusters de Texto

5.5.1. Clúster Jerárquico

Un dendrograma es un diagrama de árbol que nos muestra los conglomerados y sus niveles de distancia, con el objetivo de crear grupos similares u homogéneos. Esta herramienta utiliza el algoritmo de conglomerado jerárquico o "hierarchical cluster", que se basa en el cálculo de distancias, por defecto usando la "euclidiana". Existen varios métodos que se pone a disposición.

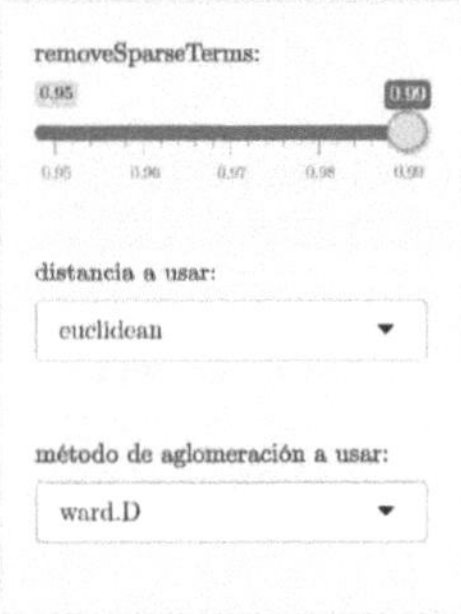

1. Selecciona el nivel de "remove sparse terms", por defecto el 0.99, recomendado en un 0,95.

2. Selecciona la distancia, por defecto la distancia "euclidiana".

3. Selecciona el método a usar, por defecto "ward.D".

Figura 5.6: Panel Cluster Jeráraquico

Fuente: `https://andresr424242.shinyapps.io/tweetR_1/`

remove sparse terms

La eliminación de términos dispersos o "remove sparse terms", depura la matriz para el análisis de aquellas palabras o términos con poca frecuencia, es decir palabras que son dispersas. Dispersión o "sparse", es un valor numérico para la espacialidad o dispersión máxima permitida, a mayor nivel de espacialidad, mayor el número de palabras que conserva la matriz y viceversa. Por defecto se fija al 0.99, permitiendo disminuir hasta un 0.95.

5.5.2. kmedias Clúster

kmedias o "kmeans", es un método para agrupar n observaciones en k grupos, en donde cada grupo posee observaciones con valores medios cercanos o similares. Selecciona el número de grupos a formar.

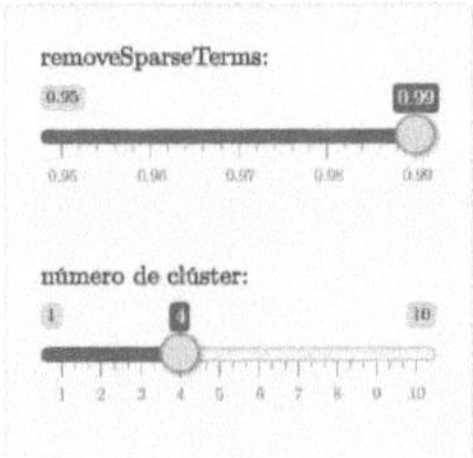

1. Selecciona el nivel de "remove sparse terms", por defecto el 0.99, recomendado en un 0,95.

2. Selecciona del número de clusters, en base al gráfico "WSS".

Figura 5.7: Panel kmedias Clúster

Fuente: `https://andresr424242.shinyapps.io/tweetR_1/`

5.6. Modelador de Tópicos

El modelador de tópicos o "topic modeling", es una manera sencilla de analizar grandes volúmenes de texto. Un tópico consiste en una conglomeración de palabras que frecuentemente aparecen juntas. Se usa para descubrir estructuras semánticas en un vector de texto. Se puede modelar ajustando el número de tópicos y los términos por tópico.

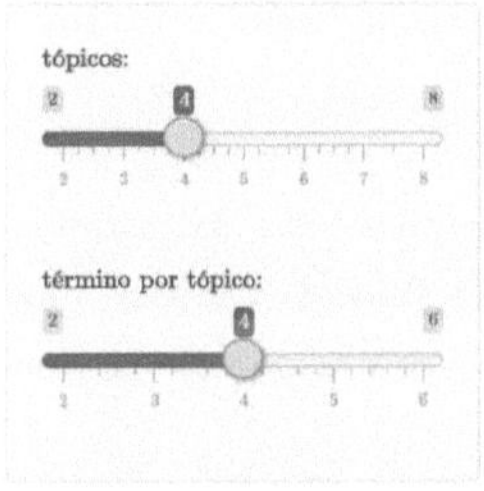

1. Selecciona el número de tópicos.

2. Selecciona el número de términos por tópico.

Figura 5.8: Panel Modelador de Tópicos

Fuente: `https://andresr424242.shinyapps.io/tweetR_1/`

Latent Dirichlet Allocation (LDA)

En el procesamiento de lenguaje natural, LDA es un modelo estadístico generativo, en el cual cada documento se ve como una mezcla de temas; el modelo propone que cada palabra en el documento es explicado o atribuido a un tema o tópico en particular. En el modelo generativo los documentos son mezclas aleatorias de temas latentes, donde cada tema tiene su distribución sobre las palabras que lo componen.

Capítulo 6

Conclusiones

La minería de textos o "text mining", es el conjunto de herramientas que nos permiten obtener conocimiento automático a partir datos no estructurados, muchas veces este tipo de datos es pasado por alto en las organizaciones, queda almacenado, información valiosa puede ocultarse en los textos, ya sea de evaluaciones, preguntas abiertas, o un nuestro caso en las redes sociales.

Hoy en día las redes son cada vez más y con mayor poder de alcance a cada persona, varias empresas, organizaciones, personajes, políticos del mundo están en ellas, lo que genera un flujo de información interesante y variado, ya que reúne el pensar y sentir de miles de personas; miles de tópicos o temas de interés social cruzan a diario por ellas.

Hace un poco más de una década, cuando estaban en auge, no era tan importante llevar un control en ellas, pero hoy con el poder e influencia que han adquirido, este control se vuelve necesario y muchas veces imprescindible. NLP es la tecnología que hace posible la relación entre un ser humano y una computadora, al interpretar el lenguaje natural, tecnología que hace posible el realizar el "text mining".

El desarrollo de esta aplicación se basa en la automatización de la minería de texto, aplicación que nos permite abordar las principales herramientas del análisis de textos de manera interactiva, con el objetivo de que el usuario puede aprender sobre dichas herramientas o técnicas estadísticas y descubrir lo que esta oculto en los textos de los mensajes en Twitter.

Dentro de las herramientas empleadas, las palabras más frecuentes y nube de palabras se basan en el mismo procedimiento, y muestran la misma información, pero de manera diferente. Si bien son muy usadas en el "text mining", en especial la nube de palabras, no nos dice mucho, ya que son palabras sueltas, sin estar asociadas.

El verdadero conocimiento empieza a partir de la red de términos, en donde se empieza a correlacionar las palabras, a darles forma y significado a los grupos que se forman en los nodos de la red, elaborada en base al coeficiente de correlación.

En lo que respecta al análisis de cluster, el método que nos dice más, según los casos vistos es el clúster jerárquico, calculado con la distancia "euclidiana", y bajo el método "Ward.D". El kmedias, nos obtiene los clústeres, pero se debe escoger k, el número de cluster; la aplicación genera una guía para la elección, que es el gráfico de"wss", otro punto a considerar es que los datos en la matriz están todos medidos en la misma unidad, por lo que la estandarización de los datos no se realizó al momento de calcular el kmedias. Esta estandarización se considerará para la versión 2. Finalmente, "LDA", nos da una distribución aproximada de los temas o tópicos del Twitter analizado, siendo éste el más idóneo para ver el comportamiento de una red social en el trascurso del tiempo, sea en semanas, días u horas.

El análisis de sentimientos fue un punto crítico a incluir, que lamentablemente no se pudo, debido a que en la actualidad, no existe una biblioteca en para análisis de sentimientos de textos en español, por lo que se debe desarrollar este procedimiento para la versión 2 de la aplicación.

Bibliografía

[1] Brett Lantz, *Machine Learning with R*. Packt Publishing Ltd,Birmingham B3 2PB, UK, October 2013

[2] Chris Beeley, *Web Application Development with R Using Shiny*. Packt Publishing Ltd,Birmingham B3 2PB, UK, October 2013.

[3] Dan Toomey, *R for Data Science*. Packt Publishing Ltd,Birmingham B3 2PB, UK, December 2014.

[4] Johannes Ledolter, *Data mining and business analytics with R* . John Wiley and Sons, Inc, Hoboken, New Jersey, 2013.

[5] Luís Torgo *Data Mining with R*. Chapman and Hall/CRC, USA,2011.

[6] Mark P.J. van der Loo, Edwin de Jonge, *Learning RStudio for R Statistical Computing*. Packt Publishing Ltd,Birmingham B3 2PB, UK, December 2012.

[7] Nicholas J. Horton,Ken Kleinman, *Using Rand RStudio for Data Management, Statistical Analysis, and Graphics*. CRC Press Taylor and Francis Group, USA, 2015.

[8] Özgür Ergül, *Guide to Programming and Algorithms Using R*. Springer London Heidelberg New York Dordrecht, 2013.

[9] Paweł Cichosz, *Data Mining Algorithms: Explained Using R*. John Wiley and Sons. Ltda, The Atrium, Southern Gate, Chichester,West Sussex, PO19 8SQ, UnitedKingdom, 2015.

[10] Ingo Feinerer: Introduction to the tm PackageText Mining in R,
`https://cran.r-project.org/web/packages/tm/vignettes/tm.pdf`

[11] Zhou Tong and Haiyi Zhang:A TEXT MINING RESEARCH BASED ON LDA TOPIC MODELLING,
`http://airccj.org/CSCP/vol6/csit65316.pdf`

[12] Aneesha Bakharia:Topic Modeling with Scikit Learn,
`https://medium.com/@aneesha/topic-modeling-with-scikit-learn- e80d33668730`

[13] Julia Silge and David Robinson:Text Mining with R A Tidy Approach,
`http://tidytextmining.com/`

[14] Stefan Theußl, Ingo Feinerer, Kurt Hornik :A tm Plug-In for Distributed Text Mining in R,
`https://www.jstatsoft.org/`

[15] Stefan Theußl, Ingo Feinerer, Kurt Hornik :Text Mining Infrastructure in R,
`https://www.jstatsoft.org/`

[16] Bettina Grun, Kurt Hornik : An R Package for Fitting Topic Models,
`https://www.jstatsoft.org/`

[17] Jeff Gentry: Twitter client for R,
`http://geoffjentry.hexdump.org/twitteR.pdf`

[18] Iñaki Inza, Borja Calvo: A short introduction to the tm (text mining) package in R: text processing,
`http://www.sc.ehu.es/ccwbayes/members/inaki/tmp/Yvan-teaching-material/`
`tm-textprocessing-Tutorial.pdf`

[19] Web Application Framework for R: Package 'shiny',
`https://cran.r-project.org/web/packages/shiny/shiny.pdf`

[20] Jeff Gentry, Duncan Temple Lang: Package 'ROAuth',
`https://cran.r-project.org/web/packages/ROAuth/ROAuth.pdf`

[21] Jeff Gentry: Package 'twitteR',
`https://cran.r-project.org/web/packages/twitteR/twitteR.pdf`

[22] Kurt Hornik: Package 'NLP',
`https://cran.r-project.org/web/packages/NLP/NLP.pdf`

[23] Ingo Feinerer,Kurt Hornik : Package 'tm',
`https://cran.r-project.org/web/packages/tm/tm.pdf`

[24] Bettina Grün,Kurt Hornik : Package 'topicmodels',
`https://cran.r-project.org/web/packages/topicmodels/topicmodels.pdf`

[25] Simple Text Mining with R,
`https://www.r-bloggers.com/simple-text-mining-with-r/`

[26] RDataMining.com: R and Data Mining,
`http://www.rdatamining.com/`

[27] Topic modeling in Python,
`https://de.dariah.eu/tatom/topic-model-python.html`

[28] How does the removeSparseTerms in R work?,
`https://stackoverflow.com`

[29] Bioconductor,
`https://bioconductor.org/`

[30] R Core Team (2017). R: A language and environment for statistical computing. R Foundation for Statistical Computing, Vienna, Austria.
`https://www.R-project.org/`

[31] RStudio Team (2016). RStudio: Integrated Development for R. RStudio, Inc., Boston, MA.
`http://www.rstudio.com/`

[32] JJ Allaire (2018). rsconnect: Deployment Interface for RMarkdown Documents and Shiny Applications. R package version 0.8.8.

`https://CRAN.R-project.org/package=rsconnect`